ÉTUDE

M. LE COMTE DE SERRE

ÉTUDE

SUR

M. LE COMTE DE SERRE

PAR

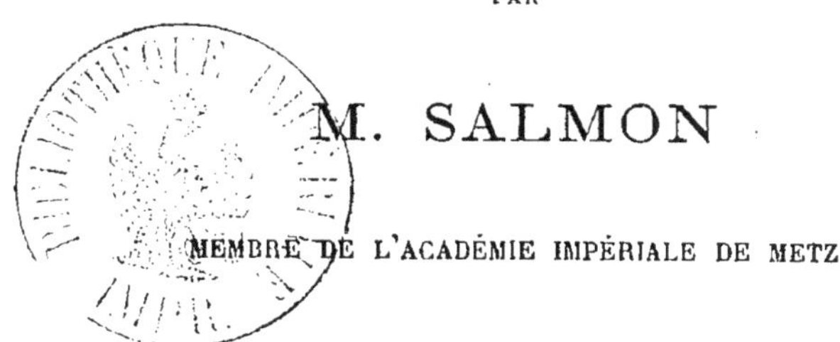

M. SALMON

MEMBRE DE L'ACADÉMIE IMPÉRIALE DE METZ

PARIS

LIBRAIRIE DE L. HACHETTE ET Cie

Boulevard Saint-Germain, n° 77

METZ	NANCY
LIBRAIRIE DE M. ALCAN	LIBRAIRIE DE NICOLAS GROSJEAN
Rue de la Cathédrale, n° 1	Place Stanislas, n° 7

1864

D'une simple notice, entreprise pour honorer, au sein
d'une Académie , la mémoire d'un de ces amis des
lettres dont ses membres actuels sont les successeurs,
l'auteur de cette Étude ne saurait avoir la prétention de faire un livre : en la publiant, il n'a
d'autre but que de conserver , pour les historiens
qui écriront la vie de M. de Serre, quelques souvenirs qui ne pouvaient être recueillis que dans
les lieux où elle a commencée, et où s'en est
écoulée la partie la moins éclatante : aussi croit-il
devoir laisser à cet essai la forme de l'allocution ,
qui en marque l'origine et qui lui servira d'excuse.
C'est aux maîtres de l'art qu'il appartient de rendre
les traits d'une pareille figure, et de garantir la
renommée de l'homme, en inscrivant leur nom
sur le socle de sa statue.

SOMMAIRE.

ÉTUDE

SUR

M. LE COMTE DE SERRE.

Gardez-vous de croire que personne ait eu
jamais une éloquence plus riche et plus abondante.... Ses expressions sont nobles, ses
pensées solides, l'ensemble de sa composition imposant.

(CICÉRON, *Dialogues des orateurs
illustres*, ch. XXXIII.)

Ils eurent (Démosthènes et Cicéron) tous
deux une égale capacité pour traiter devant
le peuple les affaires d'État.

(PLUTARQUE, *Parallèle de Démosthènes
et de Cicéron*, ch. III.)

Parlons le langage de la postérité.

(LA BRUYÈRE, *Discours à l'Académie
française.*)

Messieurs ,

Vous ne procédez pas immédiatement de l'Académie
qu'a fondée, dans cette ville, au siècle dernier, le maréchal de Belle-Isle ; entre elle et vous se place
l'Académie libre que, dans son amour des lettres, un
préfet y réunit près de lui, en attendant le rétablissement officiel des académies en province. A
proprement parler, vous lui devez le jour, puisqu'elle

1

a gardé pour vous la place de son aînée, et qu'elle a disparu du monde en vous la cédant. Ne rougissez pas d'une si modeste origine, car il y eut de grands noms parmi ces humbles aïeux; je vous demande la permission de vous entretenir aujourd'hui de l'homme qui a porté le plus glorieux. Vous raconter la vie d'un de vos ancêtres ne sera-ce pas m'acquitter envers vous du tribut annuel, en payant la dette que vous avez contractée envers sa mémoire.

Si M. de Serre ne se trompait point lorsqu'il disait, le 18 mars 1816, devant la Chambre des Députés, que la Révolution française renfermait plusieurs siècles en elle, et que la Charte de Louis XVIII avait reculé dans le temps l'époque qu'elle venait de clore, il faut penser que lui-même l'y a suivie, et maintenant que près de quarante années ont passé sur sa tombe, il est permis de croire qu'il est tout entier devant la postérité. Elle est, nous le savons, le port vers lequel s'avancent, avec les générations et les peuples, ces chefs, ces hommes d'État qui les ont conduits en les gouvernant; tous y arrivent, mais tous n'y trouvent pas le salut; car elle est aussi ce tribunal suprême devant lequel tous comparaissent pour être jugés. M. de Serre n'en avait rien à craindre; on peut donc s'étonner qu'elle l'ait depuis si longtemps en sa présence sans avoir étudié sa vie, et qu'en lui rendant cette exacte justice qu'elle doit à tous les hommes, elle ne l'ait point encore, par une éclatante réparation, vengé de l'oubli des contemporains. Toutefois, il ne faut pas s'en plaindre pour lui : sa renommée, on ose l'affirmer, n'en souffrira point ; tandis que ces ingrats contemporains se taisaient sur l'homme qui a tenu la main au gouvernail dans des temps si difficiles et dont l'éloquence a jeté sur la tribune française un si vif éclat, il grandissait en silence pour l'histoire, et désormais elle n'essayera pas de le mesurer qu'elle ne le trouve l'égal de ceux qui se sont fait, dans les premiers postes de l'État, un nom par le patriotisme et le talent. Il gagnera peut-être à n'avoir pas été jugé plus tôt. Débarrassé du bruit que les clameurs des partis faisaient encore, dans notre jeunesse, autour de son nom et affranchi de la crainte de réveiller des animosités éteintes, en réclamant pour lui une justice qu'ils lui refusaient, l'historien n'aura pas besoin de faire taire ses propres préventions ni de faire violence aux sentiments de personne pour rester impartial en le jugeant, et il ne pourra s'en prendre qu'à lui-même, s'il sort des limites de la modération en écrivant sa vie.

Des hommes d'État et des orateurs comme M. de Serre sont des hommes que Cicéron eût offerts pour modèles à la noble jeunesse qui lui demandait des leçons et des exemples, et dont Plutarque eût raconté la vie pour édifier la postérité, en rendant témoignage de leur patriotisme, de leur courage et de leur désintéressement. On peut donc espérer ne pas vous déplaire en vous parlant de lui.

Pierre-François-Hercule de Serre est né à Pagny-sous-Prény, village du département de la Meurthe, le 12 mars 1776, au sein d'une famille noble, qui était originaire du Midi, et qui avait suivi le roi René d'Anjou en Lorraine pour ne pas se séparer des princes qu'elle était habituée à servir dans le gouvernement de leurs États. Les descendants de cette famille n'avaient cessé, depuis sa transplantation dans cette province, d'y occuper des emplois, soit dans la magistrature, soit dans l'administration. L'un d'eux avait été procureur général du comté de Blâmont, un autre conseiller à la Cour souveraine de Lorraine, maître des requêtes et conseiller d'État du duc Léopold. Le père de M. de Serre, changeant cette vocation de sa famille, avait préféré l'épée à la robe et était devenu officier de cavalerie. De bonne heure, il avait fait de cette carrière nouvelle, qu'il avait embrassée, la destinée de son fils ; dès l'âge de cinq ans, il l'avait placé, à Metz, dans un pensionnat en renom, dirigé par un prêtre, M. l'abbé Remy ; grâce aux soins de ce maître habile, pour qui il conserva toute sa vie une vive reconnaissance, l'élève fit de rapides progrès : à quatorze ans, il avait terminé ses études ; il n'était encore qu'un enfant, mais ses inclinations semblaient déjà le porter vers autre chose que les armes. Il aimait la philosophie et les lettres ; serait-il vrai que ses prédilections révélassent alors, comme d'instinct, par son penchant pour les orateurs, sa propre vocation ? C'était le souvenir de Cicéron, qu'il avait traduit sur les bancs de l'école, qui le suivait, au jour des vacances, au manoir de ses pères ; un site charmant y était le but de ses promenades ; il y avait élevé un abri, et cette demeure, où il aimait à donner ses loisirs à la lecture, il l'appelait Tusculum. Néanmoins, ces tendances et ces goûts n'avaient pas changé les vues de son père, et celui-ci s'était empressé de faire admettre son fils à l'École d'artillerie de Metz ; mais à peine l'enfant y était-il entré que la Révolution éclata. Ce mouvement irrésistible, qui s'était emparé de tous les esprits et qui les avait portés vers l'inconnu, avait touché le jeune officier ; son âme généreuse s'en était sentie remuée et n'aurait pas mieux demandé que de s'y laisser aller, en contenant, cependant, les entraînements de l'enthousiasme par les conseils d'une précoce raison ; mais elle dut s'arrêter encore une fois ; le père avait hésité d'abord ; les périls que courait la royauté avaient bientôt éveillé sa résistance : il décida que son fils émigrerait ; le jeune homme, qui, au milieu de cet élan de toutes les classes, faisait déjà ses réserves sur des actes dont s'inquiétaient également une sage politique et la vraie liberté, obéit, quoique à regret peut-être, prit, le cœur gros de larmes, le chemin de la frontière, et alla se ranger triste, mais résigné, sous un drapeau qui n'était pas, bien qu'il s'élevât pour la défense du souverain, celui de la France. Il y servit successivement dans les chasseurs nobles de Condé, dans le corps allemand de Vioménil et dans la légion de Mirabeau : son mérite l'y fit bientôt connaître et, dans ces corps, dont la masse se composait d'anciens officiers, en dépit de sa jeunesse, il franchit, en peu de temps, les grades inférieurs et parvint presque aussitôt à celui de lieutenant. Mais ces succès et cet avancement ne le satisfaisaient pas ; dans ces camps où il entendait, à toute heure, maudire ce qu'il était loin de condamner toujours, il sentait cette contrainte de l'esprit, qu'une noble nature ne supporte jamais qu'en s'indignant, et cet amer regret de la famille et de la patrie absentes qui était, pour lui, la plus dure des épreuves que le sort pût lui imposer. Il eut donc ses moments de découragement ; mais il ne se laissait point abattre par la douleur, et il se sauvait du désespoir par l'étude : tout jeune qu'il était, les lettres l'avaient suivi dans l'exil ; en quittant les bancs de l'école, il les avait emportées avec lui, et ces livres chéris, qu'au départ il avait serrés avec soin dans son bagage, lui rendaient, tantôt sous l'abri du bivouac, tantôt à la halte ou à l'étape, leurs précieux enseignements. Touchant et heureux ascendant des lettres sur les esprits pour les ramener aux mêmes goûts quand les passions les divisent, dans une jeunesse sortie de classes si différentes, mais élevée dans leur culte pour des destinées qui ne se ressemblaient pas davantage et entraînée dans des camps opposés par le chevaleresque et traditionnel dévouement au souverain ou par le généreux et patriotique amour de l'indépendance et de la liberté ! Tandis que le lieutenant de Serre tirait de son sac, pour le lire à l'écart, un Horace aussi mal mené que le reste de son fourniment, la veille du jour où une balle ennemie devait si prématurément trancher sa vie, le général Abatucci lisait aux

officiers réunis sous sa tente le dixième livre de
l'Énéide de Virgile [1].

M. de Serre se reposait de la fatigue en changeant
d'occupation ; en marche même il se distrayait des
travaux de la guerre par la méditation. Il mettait
surtout à profit, pour s'instruire, la conversation de
ces hommes de tous les âges et de conditions si diverses dont la communauté de fortune avait fait ses
compagnons. Leur expérience devenait la sienne, et,
en même temps qu'il se formait en les écoutant, son
caractère se trempait sous l'influence de ces épreuves
qui étaient le lot de chacun. Mais les victoires de la
République française avaient porté des coups mortels
à l'émigration ; l'armée des princes s'était dissoute,
épuisée par ses défaites, et la dispersion de ses débris
l'avait empêchée de se reformer. M. de Serre avait
accepté sans murmure et sans regrets l'arrêt de la
destinée. Il n'en voulait pas à la liberté et à la République des avantages qu'elles avaient obtenus sur le
parti dans les rangs duquel il avait servi la royauté :
leurs conquêtes étaient celles de sa patrie ; il ne lui
demandait que d'en user avec modération et d'admettre, après les combats où ils se les étaient dispu-
tées, tous ses enfants à en jouir sous l'empire et la
garantie d'une noble et généreuse réconciliation. Dé-

---

[1]   Et voyageur armé pour conquérir la terre,
         Alexandre en Asie emportait son Homère.
M. P. LEBRUN, *Le bonheur que promet l'étude.*
Mémoires inédits de M. le Cte de PUYMAIGRE.
M. TISSOT, *Notice* sur la vie du général Foy, placée en tête de ses
Discours.

sormais libre de ses opinions comme de sa personne, il allait, en suivant ses goûts et ses inclinations, reprendre, avec une ardeur nouvelle et pour un but qu'il laisserait à l'avenir le soin de fixer, des études dont lui seul, dans sa pleine indépendance, il déterminerait la direction, et assister, en observateur attentif, au spectacle singulier que l'Europe offrait alors au monde, prêt à monter lui-même sur la scène pour y remplir le rôle qu'il plairait peut-être à la Providence de lui assigner. Son désir le plus vif aurait été d'aller s'asseoir sur les bancs d'une de ces Universités d'Allemagne où des maîtres, qui avaient su, même au milieu du bruit des armes, faire prononcer leurs noms par la renommée, enseignaient avec éclat les principes d'une science nouvelle, et s'initier plus sûrement à leurs doctrines en suivant et en écoutant leurs leçons. Mais, pour la plupart, l'émigration était devenue la pénurie, et, faute de ressources, pour aller plus loin et y vivre, Hercule de Serre avait été obligé de rester où les derniers revers de l'armée des princes l'avaient laissé, c'est-à-dire à Reutlingen, dans cette partie de la Souabe qui appartient maintenant au royaume de Wurtemberg. Il dut donc être son propre professeur; grâce aux livres, il en vint bientôt à bout. Du reste, ce genre d'enseignement allait merveilleusement à un esprit comme le sien : doué d'une intelligence aussi vive que pénétrante, d'une activité infatigable, d'une mémoire facile et sûre, et d'une faculté d'attention que rien ne pouvait distraire quand elle s'était con-

centrée dans la contemplation, secondé même dans
ce travail de la pensée par une imagination naturellement portée à la rêverie, il pratiquait l'étude en se
repliant sur lui-même, et s'appropriait tout par le
travail intérieur de la méditation. Mais pour apprendre
ici, un instrument lui était nécessaire, c'était la connaissance parfaite de la langue du pays ; il s'appliqua
avant tout à son étude, et il le fit avec tant de succès
qu'en peu de temps il la posséda assez bien pour
qu'il pût résolûment aborder les différentes branches
de la littérature allemande et de la science dont elle
devait lui ouvrir l'entrée. Comme il leur donna tout
son temps, il put en explorer tout le domaine, et rien
ne lui en resta étranger ; toutefois, même en embras-
sant tout dans son programme, il sut se borner ; il
toucha à la poésie, mais il s'arrêta particulièrement
à l'histoire et à la philosophie. Enfant du dix-huitième
siècle, il en avait sucé les principes et s'était nourri
de ses doctrines ; il ne les renia pas, mais il les
élargit en abordant les écrivains allemands : l'Allemagne avait ses philosophes, ses historiens et ses
critiques ; ils se disputèrent d'abord son temps ; il
finit par le donner exclusivement aux premiers. Le
mouvement de rénovation qui s'était emparé de ce
pays en avait fait surgir un assez grand nombre ;
néanmoins, ils se résumaient dans Kant et son école.
Ce n'était pas une médiocre matière pour un ouvrier
de son âge, qui allait l'attaquer sans l'assistance de
personne et sans autre guide que lui-même. Il ne
recula pas devant la tâche. Il est des esprits d'une

trempe si vigoureuse qu'en mettant le pied dans un coin quelconque de la science, ils vont toujours jusqu'au fond des principes et font sortir la philosophie de toute chose : tel était celui de M. de Serre ; son propre était la clarté ; en pénétrant cette philosophie presque mystérieuse, il en dissipa les obscurités ; il y fit le jour et dégagea la vérité de ces enveloppes épaisses sous lesquelles on dirait qu'elle se plaît à se dérober, et, quand il revint de son étude, il en rapporta une doctrine si solide qu'il put y asseoir ses convictions, et d'une netteté si parfaite qu'il put, dans la pratique des affaires, en mêler les principes et les procédés à la controverse pour lui communiquer de l'ampleur et de l'élévation. Du reste, s'il épura les produits du génie allemand en se les assimilant, ce génie lui-même, en achevant de le former, le marqua profondément de son empreinte, et, à vingt ans de là, on pouvait, à travers les magnifiques images dont l'orateur couvrait ses idées et ses sentiments à la tribune française, la reconnaître à certaines formes qu'il avait retenues de son commerce avec les philosophes allemands, et dont il devait un jour enrichir le vocabulaire de notre philosophie et de notre politique. S'il n'avait jamais ouvert que l'Esprit des lois ou l'Essai sur les mœurs, il ne lui serait probablement pas arrivé de dire que la Révolution française renferme plusieurs siècles en elle et que la Charte de Louis XVIII a reculé tous ses actes dans le temps [1].

[1] Discours à la Chambre des Députés, le 18 mars 1816.

Mais en faisant aux écrivains allemands ces heureux et utiles emprunts, il ne négligeait point les classiques de notre langue, et particulièrement ceux dont l'esprit et les principes s'accordaient le mieux avec ses propres idées : ainsi Montesquieu ne quittait pas son bureau ; nos moralistes et nos sermonnaires lui étaient familiers ; du milieu des camps ou de la terre étrangère, il suivait, par les journaux qui lui tombaient sous la main, les débats de nos assemblées délibérantes ; c'était déjà en rival de leur éloquence plus encore qu'en adversaire de leurs doctrines qu'il assistait à ces luttes de la tribune de sa patrie dont la Providence lui ménageait un jour l'accès, et les échos lointains des orateurs qu'il ne lui était pas donné d'entendre de près éveillaient parfois dans son âme des passions qui n'étaient pas moins vives, ni moins ardentes, ni moins généreuses que les leurs.

Le temps s'écoulait lentement dans ces austères études dont l'émigré remplissait le vide des journées de l'exil ; quelques attraits qu'il y trouvât, elles ne pouvaient, cependant, lui faire oublier sa patrie, et surtout sa famille. Il tenait de la nature une âme tendre et ouverte, par une sensibilité extrême, à tous les genres d'émotions ; il avait surtout besoin d'affection : éloigné de bonne heure des siens par les nécessités de l'éducation, il n'avait, dans son enfance et sa première jeunesse, point éprouvé de bonheur plus grand que de se retrouver au milieu d'eux ; il ne les quittait pas un instant quand les jours de vacances les lui rendaient. Empreint d'un respect profond avec son père, son amour, moins contenu avec sa mère, son frère et sa sœur, se laissait aller sans réserve à tous les épanchements de la tendresse. C'était maintenant dans la seule intimité de son cœur qu'il entretenait, sur la terre étrangère, ce culte chéri de la famille. Les lettres, que la difficulté naturelle des communications et la draconienne sévérité des lois révolutionnaires rendaient trop rares et ne laissaient parvenir que longtemps après leur date à leur destination, ne le distrayaient quelquefois du sentiment de la plus cruelle des privations que pour laisser renaître bientôt plus vifs que jamais les inquiétudes et les chagrins. Plus il s'écoulait d'années dans ces anxiétés sans fin, plus les parents sentaient qu'ils se manquaient les uns aux autres ; l'émigré s'était bien rapproché de la frontière, mais elle s'interposait toujours entre sa famille et lui pour les tenir séparés ; enfin, un jour, n'y tenant plus, il la franchit, traverse à pied, sous un déguisement, l'Alsace et la Lorraine, et arrive à Pagny par une belle nuit d'été. Là commençait véritablement, pour lui, le danger : il pouvait être vu par quelque indiscret, et, sans que la malveillance s'en mêlât, sa présence dans le pays être révélée à l'autorité. Heureusement, à l'entrée du village, il avait rencontré son père nourricier et s'en était fait reconnaître ; ivre de joie, le bon paysan court avertir la famille du voyageur, puis vient le reprendre où il l'avait laissé, le conduit par des détours jusqu'à une porte de derrière du jardin paternel, et là le remet aux bras de sa mère, de sa sœur et de son frère qui l'attendaient dans toute l'impatience de la tendresse émue par la crainte, et qui voulaient l'avoir vu pour croire à son retour : on s'embrassa, on pleura, mais on fut longtemps sans pouvoir se parler. Après cinq années d'absence et d'exil, l'émigré avait enfin revu le manoir de ses pères et sa famille. Il s'était promis de n'y faire qu'une apparition; bien qu'il y vécût caché, il ne put plus le quitter; d'ailleurs, les temps semblaient devenir meilleurs; les partis osaient se montrer; les royalistes, envoyés en grand nombre au conseil des Anciens et à celui des Cinq-Cents, se flattaient de ressaisir le pouvoir : le Directoire s'en émut, fit le coup d'État du 18 fructidor et signala par des mesures sévères son retour au gouvernement révolutionnaire. On ne releva pas les échafauds, mais on usa de la déportation. M. de Serre reprit donc cette fois, l'esprit désabusé et le cœur déchiré de regrets, non le chemin de l'émigration, mais celui de l'exil : cette patrie qu'il n'avait retrouvée qu'à demi lui paraissait plus chère que celle qu'il avait perdue d'abord; c'est avec désespoir qu'il s'en détacha, et cette seconde expatriation, qui devait, cependant, durer si peu, lui parut plus dure et plus amère que celle qui l'avait précédée. Arrivé de l'autre côté de la frontière, il ne put s'y fixer nulle part; il écrivait lettre sur lettre à sa famille pour la supplier de solliciter sa radiation de la liste des émigrés; ce fut l'affaire de sa mère : Mme de Serre n'était point restée inactive. En s'arrachant des bras de son fils, elle avait pris la route de Metz, s'y était installée auprès de l'administration et là, à force de démarches et de prières, mettant en œuvre le crédit de ses parents ou de ses amis, et faisant jouer, à propos, toutes les influences qui pouvaient la servir dans sa noble et pieuse entreprise, elle obtint, à la fin, que son fils fût rayé de la liste fatale. On comprend avec quel bonheur Hercule de Serre revola dans les bras de sa famille; mais il ne la retrouva plus sous les ombrages de Pagny. Pendant sa nouvelle absence, elle avait été obligée d'aliéner ce domaine des ancêtres pour soutenir celui de leurs descendants que le sort avait jeté sur la terre étrangère, et pour subvenir elle-même à ses propres besoins sur la terre natale. Heureux de s'être retrouvés après tant et de si longs orages, on vivait donc doucement et modestement ensemble. Mais il ne suffisait pas à M. de Serre d'avoir reconquis sa patrie et sa famille; à son activité il fallait le travail, et le jeune homme avait besoin de se faire un état qui le fixât près des siens et qui lui permît de leur prêter, à son tour, l'appui qu'il en avait reçu. Il n'eut pas à se mettre à la recherche d'une profession; dès longtemps il l'avait trouvée : la parole était sa vocation; il résolut de se faire avocat. Les années qu'il venait de passer dans l'exil et qu'avaient remplies des études si diverses, n'avaient pas été perdues pour celle du droit, à laquelle il devait maintenant se livrer : les lettres touchent à tout, et, pour un esprit élevé, le droit n'a plus d'obscurités lorsqu'il se munit du flambeau de l'histoire et de la philosophie pour y pénétrer. Ce

fut à leur lumière qu'il l'aborda. Il trouva tout près
de lui un maître qui savait aussi s'en servir et qui
l'aida à la mettre à profit; c'était M. de Jaubert, homme
d'une rare et forte intelligence, ami de l'étude et des
livres, attaché dans le passé à ce qui venait de subir
la persécution, mais acceptant, sans répugnance, dans
le présent, les réformes qui se conciliaient avec
l'esprit d'ordre et de liberté. Les écoles de droit
n'étaient pas encore rétablies; la jeunesse n'avait
alors, pour lui en tenir lieu, que le cours de législation qui se faisait à l'École centrale de chaque département; M. de Serre ne négligea pas celui qui
avait été ouvert à l'École centrale de la Moselle; mais
il avait compris que, si la Révolution avait rompu avec
les lois et la pratique de la France féodale, elle n'avait
pas, pour cela, rompu avec le droit romain, avec le
droit coutumier et surtout avec ces jurisconsultes et
ces maîtres immortels dans les écrits desquels les
législateurs du temps allaient puiser, sous ses yeux.
comme aux sources mêmes de la raison et de la
science; il se mit donc à étudier nuit et jour leurs
ouvrages : il était à son œuvre avant que les artisans
ne fussent à leurs ateliers; la lampe qui éclairait, en
hiver, la petite chambre d'un troisième étage, où il
s'était établi, y donnait le signal du travail aux ouvriers du quartier.

Tout allait au mieux; le jeune émigré avait retrouvé sa patrie, sa famille lui était rendue, et il
pouvait, libre de toute préoccupation, même de celle
d'un avenir dont il sentait qu'il possédait en lui le

gage, donner, au milieu des épanchements des plus douces affections, tout son temps à l'étude ; déjà même il recueillait les premiers fruits de son travail en s'essayant, devant les tribunaux, à la plaidoirie comme défenseur officieux. Mais une fatalité nouvelle allait encore une fois troubler le bonheur qu'il commençait à goûter après tant de traverses. D'audacieux conspirateurs venaient d'attenter à la vie du Premier Consul, en faisant éclater sur son passage la machine infernale. Dans les premiers moments, on crut, sur la foi de quelques noms et de quelques indications, que cette entreprise était l'œuvre du parti royaliste et particulièrement des émigrés, qui en auraient au moins été les instigateurs : on ne sévit pas contre les hommes du parti comme au 18 fructidor, mais on prit des mesures contre ceux des émigrés dont le nom n'avait été rayé que provisoirement de la liste, et ils durent immédiatement quitter le territoire de la République. Tout paisible et tout étranger qu'il était aux menées des partis, M. de Serre dut encore s'éloigner de sa patrie ; il comptait à peine vingt-cinq ans, et c'était pour la troisième fois qu'il connaissait l'exil ; ce fut donc avec désespoir qu'il en reprit, de nouveau, le chemin. Il ne fit que dépasser la frontière et s'arrêta à portée de la France, attendant dans l'anxiété la plus vive, oserais-je dire dans l'attitude du suppliant, l'effet des démarches de sa famille auprès des autorités nationales, et ce retour vers la modération qu'amènent toujours, à la suite des mesures violentes, une connaissance plus exacte des faits et l'apaisement des passions subitement surexcitées. Ce changement dans les dispositions du gouvernement ne se fit pas trop attendre ; les victoires du Premier Consul et les progrès que faisaient ses vues dans l'opinion le hâtèrent encore : la sévérité ne saurait tenir dans le cœur à qui tout sourit ; les portes de la France se rouvrirent donc bientôt à ces derniers bannis : **M.** de Serre revit, pour ne plus la quitter, et avec un bonheur qu'il serait difficile de peindre, cette patrie qu'il semblait toujours menacé de perdre, et vint enfin prendre au barreau de Metz une place qui allait être bientôt la première. Toutefois, avant de s'en emparer, il sentit le besoin de faire concourir la pratique des affaires avec l'étude de la théorie et des lois ; dans ce but, il s'attacha d'abord au cabinet de **M.** Colchen, juge au tribunal d'appel, qui y remplissait, en l'absence de **M.** Périn, nommé tribun, les fonctions de commissaire du gouvernement. Sous la direction de ce magistrat, jurisconsulte aussi savant et aussi expérimenté que sage et habile administrateur, il se forma particulièrement à la connaissance des affaires criminelles ; mais il comprit que, pour acquérir celle des affaires civiles, il faut manier des dossiers en les formant, et il entra, pour cela, dans le cabinet d'un homme de loi qui avait la réputation de les traiter à la satisfaction des magistrats. Son coup d'essai fut une requête : le praticien la trouva si bien rédigée qu'il la prit pour sa plaidoirie ; il plaida, en effet, avec beaucoup de talent ; les magistrats n'en manifestèrent point d'étonnement, mais ils trouvèrent qu'il n'avait jamais mieux plaidé. M. de Serre s'était aperçu de l'emprunt; il y respirait une confiance qui l'encouragea : après avoir ainsi débuté sans avoir porté la robe, il se hâta de la revêtir pour se produire au prétoire en personne. Il s'était rencontré sur les bancs de l'École centrale avec un jeune homme doué d'une de ces intelligences vigoureuses, dont la science semble attendre la venue pour dégager ses principes et arrêter sa doctrine; c'était M. Mangin, qu'il appela plus tard près de lui à la Chancellerie pour y diriger les affaires civiles, et avec lequel il préludait à de plus hautes destinées, en en faisant, dès ce moment, le compagnon de ses premiers et obscurs travaux '. Les deux étudiants s'étaient rapprochés et avaient établi entre eux des rapports réguliers, en poussant, d'un élan commun, leurs études. Licenciés de même époque, ils avaient prêté serment à peu de distance l'un de l'autre et débutaient presque en même temps devant le tribunal d'appel. Leurs premières causes furent des triomphes dont le palais retentit longtemps. Mais un malheur pareil faillit, dès les premiers pas, entraver leur

' Il n'est pesonne qui ne connaisse les divers traités de M. Mangin sur les matières les plus difficiles du droit criminel.

En plaçant M. Mangin à la tête du parquet de la cour royale de Poitiers, M. de Serre confia la direction des affaires civiles, à la Chancellerie, à M. de Mailler ; venu au barreau de la Cour de Metz après M. de Serre et M. Mangin, M de Mailler y marcha sur leurs traces et y laissa une réputation qu'il y retrouva dans d'autres jours et soutint, en exerçant ensuite les fonctions de la magistrature dans cette Cour.

carrière. Leurs succès avaient causé de l'ombrage à
de vieux praticiens, qui prétendaient régner en maîtres
au barreau où les deux jeunes avocats venaient de
s'asseoir ; la jalousie ou le dépit des mécontents éclata
en réflexions malveillantes : M. de Serre leur fit entendre de piquantes et dures reparties : il en fut quitte
pour un conseil donné avec beaucoup de ménagement par le président de l'audience. Mais la fière
susceptibilité du débutant s'en émut. Il conçut de
cette rancune de quelques confrères un si vif chagrin
qu'il s'éloigna du palais, résolu à n'y plus reparaître
tant qu'il ne serait pas sûr d'y rencontrer chez ses
rivaux d'autres sentiments. Il se consola de ces con-
trariétés passagères par l'étude et se réfugia, pour
les oublier, dans le sein des lettres. Elles avaient
alors, comme l'ordre, leur véritable renaissance ; elle
fut favorisée, à Metz, par le concours actif et les
encouragements du Préfet que le gouvernement impérial venait de préposer à la direction de l'administration dans le département de la Moselle. Ce
Préfet était M. de Vaublanc ; il avait le goût des
lettres et de ceux qui les cultivent ; il en réunit
quelques-uns autour de lui, fonda avec eux une Société libre pour s'y livrer en commun au culte de
leur prédilection et offrit, dans son hôtel, à ces fidèles
de la première heure un asile discret pour le célébrer.
M. de Serre y fut des plus assidus ; ce fut là qu'il
commença à connaître M. de Vaublanc : aucun nuage
ne s'éleva entre eux tant qu'ils furent sous les yeux
de la muse ; mais ils devaient se rencontrer, un jour,

sur un autre terrain, cette fois pour y suivre des voies opposées : entrés ensemble dans le parlement, l'un comme ministre et l'autre comme député, ils ne tardèrent pas à se séparer ; le législateur de quatre-vingt-onze y devint l'instrument de la réaction, l'émigré le patron de la liberté[1].

Cependant, en se retirant du palais, M. de Serre ne s'était pas condamné au silence : une famille, dont la fortune consistait surtout en établissements métallurgiques et en fonds de forêts, et dont il avait connu plusieurs membres en émigration, était obligée d'intenter ou de soutenir devant les divers tribunaux de la contrée des procès contre le domaine de l'État et contre des communes pour rentrer dans la possession de ses immeubles ou s'y maintenir ; elle chargea M. de Serre de la défense de ses intérêts : il s'y consacra tout entier et déploya dans l'accomplissement de cette tâche tant d'activité, tant de talent et tant d'habileté, qu'en moins de quelques années ses clients étaient remis définitivement à la tête de leurs biens, et qu'il était lui-même, du consentement de tout le monde, proclamé le premier avocat du pays. Il reparut alors au barreau de la Cour d'appel de Metz et y prit une place que désormais personne ne lui contesterait

---

[1] M. de Vaublanc fit preuve de courage civil pendant l'épidémie typhoïde qui régna à Metz, à la suite du désastre de Leipsick. Il fit établir de nouveaux hôpitaux pour recevoir les débris de notre armée atteints du mal ; il les visitait plusieurs fois chaque jour : il y contracta lui-même la maladie et fut bientôt à toute extrémité ; mais la Providence permit que le courageux administrateur guérit.

plus. Dès ce moment toutes les grandes causes lui
vinrent comme par le cours naturel des choses. Une,
entre autres, émut, dans le temps, l'opinion par la
singularité des faits qui la constituaient et surtout par
l'origine de celui à qui la poursuite y assignait le
premier rôle, c'était celle du chevalier de Dixi contre
M. de Balbi, qu'on disait tenir de très-près au prince
exilé dont il était dans la destinée de l'avocat de
devenir bientôt le ministre. Tous deux étaient du
nombre des prisonniers anglais internés ou détenus
à Verdun, ou, du moins, s'étaient mis en relation ou
avaient vécu avec eux. On jouait gros jeu dans cette
société de prisonniers ; on avait souscrit des billets,
on en avait même, disait-on, fabriqué de faux, et de
plus la fraude s'était substituée au hasard pour manier
les cartes ; de là les plaintes du chevalier de Dixi
contre M. de Balbi, et des poursuites portées successivement devant la Cour d'assises de la Moselle, le
Tribunal de police correctionnelle de Metz et la Cour
impériale de cette ville. M. de Serre s'était chargé de
la défense de M. de Balbi, et il l'avait présentée avec
un talent et une habileté dont on ne parla longtemps
qu'avec la plus grande admiration, et dont, au reste,
l'acquittement de l'accusé et du prévenu attestait le
succès. Serait-il vrai, comme le croient quelques-uns,
qu'un incident du procès ou une action qui s'y rattachait conduisit M. de Balbi devant le tribunal de
la Seine ; que M. de Serre l'y suivit et que ce nouveau
procès y fut pour l'avocat l'occasion d'un triomphe,
qui appela sur lui l'attention du Ministre de la justice,

M. Régnier, duc de Massa? On l'a dit; il ne nous a pas été possible de le vérifier. Mais il n'était pas nécessaire que M. de Serre, se produisant lui-même, allât faire retentir son nom sous les voûtes du palais de justice de la capitale pour qu'il parvînt aux oreilles du Grand juge. La notoriété de l'orateur et le théâtre sur lequel il venait de la conquérir y suffisaient : les circonstances et d'obligeants intermédiaires y aidèrent, cependant, de leur côté. On était arrivé à 1810; en se réorganisant, la magistrature avait appelé à elle le talent partout où il pouvait se trouver, et elle semblait aller à lui avec plus d'empressement encore quand, par un heureux hasard, il se rencontrait, dans le même homme, avec un nom parlementaire et les traditions de famille. M. Régnier, duc de Massa, était, avant la Révolution, avocat au Parlement de Nancy; il s'était aidé, dans ce travail d'organisation, du concours de M. de Collenel, ancien Président à mortier à ce parlement[1]. M. de Collenel avait connu le jeune avocat en émigration; la renommée lui aurait appris ce qu'il valait, s'il n'avait pu le savoir par lui-même; il le signala donc au Ministre de la justice comme une excellente recrue à faire : celui-ci offrit à M. de Serre les fonctions de Premier avocat général à la Cour impériale de Metz; M. de Serre les accepta[2] et

----

[1] M. Régnier avait placé M. de Collenel à la tête de la Première Division (Organisation judiciaire) du Ministère de la justice. En 1815, M. de Collenel fut nommé Président de chambre honoraire à la Cour royale de Nancy.

[2] En quittant le barreau, M. de Serre remit ses affaires à M. Dom-

les remplit avec une si haute distinction que le Grand
juge, voulant tirer un profit plus grand de l'aptitude
éminente dont il venait de donner des gages, songea
à le placer à la tête d'une des cours de l'Empire :
il lui laissa le choix entre la charge de procureur
général dans une des cours impériales établies dans
le royaume d'Italie et la première présidence de celle
qu'on allait créer à Hambourg. M. de Serre, mû par
la pensée qu'il pourrait rendre plus de services à la
justice dans un pays au milieu duquel il avait vécu
et dont il connaissait également les mœurs, les intérêts et la langue, donna la préférence à ce dernier
poste. La conquête l'avait imposé, il sut, en peu de
temps, se faire accepter ; son mérite fit passer sur
sa jeunesse ; la droiture et l'aménité de son caractère
lui concilièrent l'estime et la confiance des populations ; la chaleur et la fermeté avec lesquelles il se
voua à la défense de leurs intérêts lui valurent bientôt
leur reconnaissance et leur affection. La modération
dont, sous l'influence de ses exemples et de ses direc-
tions, s'imprégnèrent partout les procédés de la justice, tempéra, en contenant son action, la sévère,
mais intègre administration du maréchal Davoust. La
domination de la France dura peu dans ces contrées,
mais le passage de M. de Serre y laissa des souvenirs

manget, jeune avocat dont la première gloire fut d'avoir été jugé
digne de recueillir un pareil héritage. C'est sous ces heureux
auspices qu'il commença une réputation qui dure depuis plus d'un
demi-siècle sans avoir jamais paru menacée de déclin, et que soutient
encore, dans ce moment, l'actif exercice de la profession.

qui survécurent à sa disparition dans l'esprit des peuples. M. de Serre se replia sur la France, quand l'invasion des départements nouveaux par l'ennemi et le siége de Hambourg, devenu imminent, amenèrent la concentration de tous les pouvoirs entre les mains de l'autorité militaire. Il passa l'hiver de 1813 à Metz. Le naufrage de l'Empire entraîna le sien ; mais la Restauration s'empressa de lui offrir un refuge qu'il accepta : elle l'appela à la Première présidence de la Cour de Colmar. En servant loyalement l'Empire, il n'avait point appelé, de ses vœux, un autre gouvernement : aussi il n'avait point applaudi à la chute de celui qui lui avait accordé sa confiance, et quoique satisfait du retour d'une royauté pour laquelle il avait tant souffert, il n'y voyait point le triomphe d'une cause pour laquelle il avait, dans le chevaleresque enthousiasme de la jeunesse, versé son sang et enduré l'exil : en lui l'émigré avait fait place au citoyen : il n'aimait pas avec plus d'ardeur sur le trône que dans l'adversité les princes dont il avait jusqu'au bout suivi la fortune ; mais, dans sa foi et dans son affection, la patrie, comme il le disait, passait avant les hommes, quels qu'ils fussent. Ce qui le touchait le plus dans la révolution nouvelle, c'était la Charte qui fermait la première et y mettait le sceau, en consacrant, par la sanction d'un gouvernement constitutionnel ou d'institutions représentatives, des réformes dont sa raison lui avait démontré la justice et la nécessité. De l'ancien régime il n'acceptait que la royauté traditionnelle ; dans le nouveau, il embrassait des ga-

ranties pour lesquelles tant de français, souvent même
en marchant l'un contre l'autre, volontaires et émigrés, se trouvaient avoir combattu, et c'était avec joie
que, dans cette Charte, dont il faisait le symbole de
sa foi politique, il saluait l'avénement définitif de
l'égalité civile et de la liberté politique[1]. Dès ce moment les Bourbons devenaient et restaient ses souverains; les cent jours ne changèrent pas ses sentiments;
il n'accepta pas le jugement que les événements semblaient avoir porté sur le gouvernement de ces princes;
il se dépouilla de la magistrature pour s'associer à
leur sort par sa retraite[2]. L'Empereur ne disposa
pas de son siége et le laissa vacant, soit pour montrer
la haute idée qu'il se faisait du mérite de celui qui
l'avait occupé, soit pour déterminer l'homme, par ces
muettes avances, à venir le reprendre comme un poste
qui n'avait pas cessé de lui appartenir. Ce fut la seconde Restauration qui le rendit à ces fonctions qu'il
avait quittées pour elle; elle fit plus, elle voulut, pour
se l'attacher de plus près, l'appeler dans les assemblées où un roi, formé à la dure école de l'expérience

[1] Il pensait peut-être qu'elle allait, d'accord avec la paix, donner
l'essor à l'éloquence, et intérieurement, sans doute, il s'y sentait
intéressé. « Ce n'est pas, a dit Cicéron *(Dialogues sur les orateurs
illustres)*, quand on fonde les États, ni quand on fait la guerre, ni
quand le génie est entravé et enchaîné par la domination d'un seul,
que peut naître le goût de l'éloquence. Compagne de la paix, amie
du repos, elle est le fruit d'une société déjà régulièrement constituée. »

[2] Il ne quitta pas la France et se retira simplement à la Quinte,
dans une propriété qui est située dans la Moselle et dont il possédait
alors une partie.

et du malheur, allait tenter de consommer l'union de son antique dynastie avec la France nouvelle, en liant le sort de l'une au maintien des droits et à la protection des intérêts de l'autre. Dans ce but, elle lui confia la Présidence du Collége électoral du Haut-Rhin : les colléges d'arrondissement le présentèrent comme candidat au collége départemental, et ce collége, où les sentiments les plus divers s'étaient manifestés par les noms qu'ils s'efforçaient de faire prévaloir, le nomma député en compagnie de MM. d'Argenson et de Berckeim, associant ainsi le royaliste constitutionnel aux libéraux, comme pour marquer que les deux opinions s'étaient, dans cette première lutte des partis, disputé, à forces presque égales, la victoire dans le champ clos des élections.

M. de Serre avait le sentiment exact de la situation que les hommes et les choses faisaient aux représentants de la France et à son gouvernement ; il n'ignorait aucune des questions qui allaient s'agiter dans ses conseils, et, de son point de vue, les solutions qu'il conviendrait de leur donner découlaient de la nature des choses, de l'expérience et de l'état du pays.

Dans cette société, qu'une révolution, qui durait depuis un quart de siècle, avait remuée jusque dans ses dernières couches, sous une apparente coordination, l'antagonisme des intérêts, des sentiments, des idées et même des classes et des personnes se montrait partout ; au sommet, près d'un Roi à qui la culture de l'esprit et les libres allures de la pensée

avaient donné le goût de l'indépendance, qui presque
seul de sa race avait su, dans les longues épreuves
de l'adversité, oublier et apprendre quelque chose,
et qui, d'ailleurs, s'était pris d'inclination pour la
liberté au contact d'un peuple et d'un gouvernement
dont elle faisait la grandeur et la force, se trouvaient
des héritiers qui rapportaient de l'exil les idées, les
passions et les préjugés qu'ils y avaient portés ; qui
se faisaient gloire d'avoir souffert sans avoir changé ;
qui, loin de prendre leur parti des conquêtes de la
Révolution, blâmaient comme une faiblesse les concessions qu'on lui faisait pour se réconcilier avec
elle, et qui, n'entendant pas une restauration autrement que du retour aux conditions, aux formes
et aux errements du passé, ne consentaient à tem-
poriser que pour mieux choisir le moment et le moyen
d'en finir avec elle. Au-dessous, il n'y avait pas plus
d'accord dans les esprits, dans les tendances et dans
les opinions. Les classes inférieures, fatiguées, comme
toutes les autres, par vingt-cinq années de guerre,
mais émancipées et presque enrichies par la Révolution, tenaient à l'égalité civile qui était, pour elles,
le signe de l'affranchissement, et au maintien des
ventes nationales qui leur avaient ouvert de nouveaux
accès à la propriété ; aussi ne demandaient-elles qu'à
se remettre, dans le repos et la paix, de l'épuisement
d'une conscription sans limites et d'une double invasion. Venaient ensuite les classes moyennes des
villes et des campagnes, peuplées de propriétaires
qui exploitaient, pour la plupart, la terre par eux-

mêmes, pratiquaient le commerce ou lui livraient, par l'industrie des fabriques, les produits dont il s'alimente, et exerçaient la majeure partie de ces professions qu'on nomme libérales, parce qu'elles exigent, en même temps que le travail, la culture de l'esprit; véritable bourgeoisie, cadres agrandis et toujours subsistants du tiers état. Il faut aussi comprendre dans ce parti, s'il n'était ce parti lui-même envisagé par un de ses côtés les plus saillants, tous ceux que l'Empire, qui venait de succomber sous les efforts de l'Europe coalisée, s'était attachés en favorisant, chez eux, le développement des instincts militaires et en leur créant des positions dans l'armée. A plus d'un la paix, après une défaite, pesait plus que les périls de la guerre; au plus grand nombre elle enlevait leur état ou le réduisait au point de leur faire connaître, dans la gêne, quelque chose qui ressemblait à l'humiliation; et ce n'était pas le plus petit qu'elle contraignait à renoncer à des espérances, toujours chères, même quand on ne les nourrit qu'au milieu des dangers. Parmi ces officiers à demi-solde que le sort renvoyait dans leurs foyers, en les obligeant à se refaire, dans une société si profondément troublée par le travail de rénovation, une carrière, à une époque de la vie où elle est habituellement faite pour chacun de nous, il devait nécessairement se trouver beaucoup de mécontents : on songeait moins à les ménager qu'à les contenir; aussi il suffisait de les froisser dans leur susceptibilité pour en faire d'irréconciliables victimes. La Restauration n'avait pas

accepté tous les services de l'Empire : d'un autre
côté, elle avait dû, dans beaucoup de services publics,
restreindre des cadres qui n'étaient plus en rapport
avec les limites actuelles du royaume ; les fonctionnaires disponibles étaient, pour elle, un autre genre
d'adversaires dont elle n'avait pas assez pris soin de
respecter les droits ou de protéger les intérêts, ou
qu'elle avait souvent même traités avec une injuste
défiance.

Après ces classes on rencontrait celles qui avaient
été privilégiées, c'est-à-dire tous ces français qui
avaient appartenu à la noblesse par des titres et des
priviléges que la Révolution avait abolis ; qui avaient
exercé ces offices dont la nature et la condition se
rapprochaient du privilége ou qui avaient porté l'é-
paulette et occupé des grades dans l'armée royale.
Tous n'avaient pas agi de la même façon en présence
de la Révolution : les uns l'avaient d'abord acceptée
ou l'avaient subie en restant sur le territoire de la
France, tandis que les autres l'avaient répudiée, du
premier jour, et l'avaient défiée, en émigrant ; mais
ses excès n'avaient pas tardé à les mettre d'accord
en leur faisant sentir la persécution. Toutefois, le
retour de l'ordre sous un régime nouveau, les faveurs
ou les réparations qu'il leur offrait et l'inévitable et
nécessaire action du temps, des événements et d'une
législation fondée sur le principe de l'égalité civile,
tendaient, de jour en jour, à les fondre dans le reste
de la nation, en modifiant leurs intérêts et en les liant
aux siens. Déjà beaucoup, dans ce parti, avaient rompu

avec les idées d'un autre temps et avaient pris, pour ne s'en séparer jamais, celles dont la Révolution avait proclamé l'avénement ; mais beaucoup aussi les avaient conservées ou, après les avoir oubliées, les reprenaient sous l'influence d'événements qui semblaient leur rendre l'essor. Ainsi, remontant le cours des temps, les uns auraient voulu, par une restauration pure et sans conditions, ramener la royauté à ce qu'elle était avant la Révolution, et la replacer, sans rien y changer, sur le trône que la Providence venait de relever ; les autres, au contraire, se soumettant à la loi des faits accomplis, protestant de leur respect pour les intérêts que la Révolution avait créés, et prenant les choses au point où le temps les avait amenées et la société nouvelle comme il l'avait faite, se contentaient d'y laisser prendre la première place à la monarchie et au Roi : ils n'entendaient pas relever le trône ancien sur des débris, mais en élever un autre avec ces puissants matériaux que lui offrait la France rajeunie par la Révolution, et lui donnaient, pour base, la constitution qu'avait promulguée ce Roi qui, seul dans l'ordre nouveau, venait du passé et rattachait, par sa propre personne, la Charte sous laquelle les enfants allaient vivre aux institutions sous lesquelles les pères avaient vécu. En tout cas, si tous ne rêvaient pas le retour complet à tout ce qui avait été et le rétablissement de tout ce qui avait été aboli, un grand nombre, au moins, se croyaient en droit de réclamer, comme une réparation, les faveurs du gouvernement des princes dont la cause avait autrefois été la leur, et pour lesquels ils avaient souffert l'exil ou la persécution; c'étaient d'anciens serviteurs dont le dévouement était éprouvé; comment les princes auraient-ils pu ne pas aller à eux ou les repousser quand d'eux-mêmes ils se présentaient à leurs maîtres? Là était l'écueil pour tout le monde; en accueillant les prétentions ou en y cédant avec complaisance, d'une part, on éveillait les appétits et on les rendait plus exigeants, de l'autre, on froissait les fières susceptibilités plébéiennes et l'on inquiétait des intérêts nouveaux : un gouvernement imprudent pouvait allumer l'incendie où un gouvernement sage devait s'appliquer à le prévenir, et, quand la prostration des forces de tous les partis les disposait à la conciliation, des manœuvres maladroites couraient risque de les mettre aux prises et de ramener la guerre au lieu de la paix.

Dans cette revue des partis et cette étude des situations il ne faut pas oublier le clergé; il tenait à toutes les conditions par l'origine de ceux qui le composaient, mais plus de liens le rattachaient au parti des priviléges, puisqu'il avait perdu les siens et que, dans la commune infortune, il avait avec lui subi l'exil et la persécution. Le gentilhomme se sentira toujours de l'inclination pour le ministre qui prêche la subordination aux puissances, et le prêtre pour le gentilhomme qui proclame sa puissance en s'appuyant sur lui : l'autel était depuis longtemps relevé, mais il pouvait se croire plus solidement rassis le jour où se rétablissait le trône dont la chute avait entraîné la sienne. Et puis comment ce prêtre, qui s'était rencontré avec ce gentilhomme en émigration, ne se serait-il pas réjoui avec lui d'un retour des choses humaines qui les ramenait peut-être au point où elles étaient quand le même éclat de la foudre les avait frappés tous les deux? Sans doute, une piété plus douce et plus tolérante, fruit des épreuves et de la résignation, respirait dans le cœur de ces vieillards que le concordat n'avait replacés que meurtris et mutilés dans le sanctuaire, ou de ces jeunes lévites qu'ils avaient, par leurs discours et leurs exemples, élevés dans l'évangélique simplicité d'un culte pauvre et modeste aussi bien que dans la soumission aux lois de César; mais on avait vu des prélats qui s'étaient obstinés dans l'exil pour ne pas fléchir sous ce concordat qu'ils improuvaient, et n'étaient venus reprendre leur place aux pieds des autels de leur patrie que le jour où ils y avaient accompagné les princes qu'ils avaient suivis sur la terre étrangère. Ils rêvaient la restauration de leur ordre comme une conséquence nécessaire de celle de la monarchie légitime et de droit divin. Ils étaient des exemples; leurs vertus chrétiennes pouvaient facilement en faire des modèles. Vers qui se tournerait donc le clergé et de qui deviendrait-il l'allié? Il aurait fallu exiger de lui une sagesse qui n'est pas de l'homme pour obtenir de tous ses membres qu'ils se tussent, et qu'au moment où le pouvoir séculier semblait aller à eux, ils proclamassent avec une unanime et héroïque fermeté que rien du royaume de Dieu n'est de ce monde. Exaltés par d'imprudentes excitations, quelques-uns s'égarèrent ; on crut que le corps tout entier partageait leurs erreurs, et on le confondit avec l'émigration dans le parti dont on caractérisa les tendances en lui assignant la désignation d'ultra-royaliste ; le clergé lui-même ne confirma que trop ces conjectures par le langage qu'il tint dans les journaux qui lui servaient plus particulièrement d'organes, et ceux du parti royaliste ne les accréditèrent que trop, de leur côté, en se faisant ses échos.

Mais qu'y avait-il donc au fond de cette société où tant de passions ennemies et d'intérêts opposés étaient entrés autrefois en lutte, et étaient sur le point de se faire encore une fois la guerre ; où les classes et les hommes en étaient venus aux mains et n'avaient fait diversion à la guerre civile que par la guerre étrangère ; où les opprimés avaient répandu le sang des fils des oppresseurs pour satisfaire d'abominables représailles ; où les vaincus, par un retour de fortune, reprenant le dessus, pratiquaient à leur tour la vengeance et voudraient peut-être aussi immoler quelques victimes? Une démocratie résolue et jalouse, qui, lasse et humiliée de ne rien être, avait affecté la prétention d'être tout et l'était devenue, en s'en emparant de vive force ; une aristocratie, non pas découragée peut-être, mais désunie, qui n'avait su s'abstenir de l'abus en usant du privilége, et qui, loin de disputer la place à sa rivale, la lui avait elle-même livrée de ses propres mains [1]. Ce qui n'avait manqué ni à l'une ni à l'autre,

[1] Nuit du 4 août 1789.

c'étaient les épreuves ; ce qu'elles ne leur avaient peut-être pas apporté dans une mesure suffisante, c'était l'expérience, c'est-à-dire la sagesse. Enivrée de son triomphe, un moment, la démocratie s'était laissée aller à tous les excès de la démagogie et avait fini par se jeter dans les bras de la dictature pour en obtenir son salut ; mais, restée elle-même, en dépit des maux que lui avait fait souffrir sa propre fureur, elle conservait l'amour des biens qu'elle avait conquis au prix de tant de peines ; elle tenait, avant tout, à cette égalité civile dont chacun, depuis près d'un demi-siècle, avait pu, du moins, même sous l'uniforme discipline d'une organisation militaire, goûter les bienfaits ; mais elle avait aussi conservé l'amour de cette liberté politique qui les comprend toutes dans sa large acception, et dont l'avénement, quelque temps retardé par la guerre, allait être le premier fruit de la paix [1]. L'événement en a fourni promptement la preuve à ceux qui auraient pu en douter ; le sort que la Chambre des Pairs a fait au projet de loi sur le droit d'aînesse et au projet de loi sur le jury, et la révolution de 1830 à la loi du sacrilége et à celle des substitutions ; la loi même que la Restauration avait obtenue des chambres pour main-

---

[1] « Obtenir, pour tous les Français, le même droit et une égale justice, fonder nos libertés politiques, assurer nos libertés civiles, tels furent, en 1789, les vœux de tous les Français amis de leur pays, ces vœux que la Charte seule devait accomplir. »

M. de SERRE, Discours prononcé, le 15 mai 1819, à la Chambre des Députés, sur la pétition relative aux bannis.

tenir le respect des ventes nationales en indemnisant
les émigrés de la perte de leurs biens, ont dû convaincre les plus incrédules. Mais bien avant que les
événements eussent offert aux esprits rebelles leurs
enseignements pour les éclairer, et porté sur le caractère de notre société leur jugement souverain, M. de
Serre l'avait compris, et il allait, non point tout à
fait peut-être par inclination, mais au moins par sagesse et par raison, faire, de l'application de cette
donnée au gouvernement de la France, l'emploi de
ses facultés, la gloire de sa vie et sa mission [1]. Toutefois, la voie reconnue, sa pensée n'était point, si
la fortune le faisait monter sur le char de l'État pour
en tenir les rênes, d'en précipiter la course ; il songeait
plutôt à en modérer la marche pour mieux le diriger :

[1] « Deux grandes révolutions ont eu lieu. Les grands se sont
séparés des monarques, mais les deux principes subsistèrent ; on vit
les états des provinces se former. Une seconde révolution présenta
les monarques tendant au pouvoir absolu, et quand les associations
cessèrent de députer directement au trône, elles perdirent et leur
force et leur but. Pour les dominer on les divisa, on les affaiblit, on
les anéantit les unes par les autres.

» Tel était l'état de choses à l'époque de 1789. Il nécessitait la
révolution ; elle-même elle marcha avec deux principes : le premier
était de réclamer l'exercice des anciens droits, l'intervention dans
les affaires publiques : on ne pouvait le disputer. Le pouvoir absolu
s'était embarrassé dans sa marche ; il avait appelé le pays à son
secours ; les grands corps l'avaient également appelé.

» A ce principe se joignit celui de l'indépendance personnelle,
de l'isolement des individus ; je l'appelle, d'après sa nature, principe
de dissolution. »

M. de SERRE, Discours prononcé à la Chambre des Députés, le
27 décembre 1816, sur la loi des élections.

il sentait qu'il était sur la pente, et il voulait, par le contre-poids d'une aristocratie dont il limiterait le privilége à l'exercice de quelques droits, en la limitant elle-même à un petit nombre d'individus, et qui y prendrait place à côté de la démocratie pour l'éclairer de ses lumières et se raviver elle-même en se recrutant, au besoin, dans son sein, l'y retenir pour l'empêcher d'aller, un jour ou l'autre, se briser contre les écueils '. Comme il le disait plus tard, en employant une autre image, il sentait que la démocratie coulait à pleins bords ; en creusant son lit pour l'y maintenir, il voulait aussi lui poser des digues pour régler son cours. Le spectacle auquel M. de Serre assistait depuis vingt-cinq ans avait donc été, pour lui, fécond en enseignements. L'intelligence des événements lui avait donné celle de la situation qu'ils avaient amenée, et des besoins dont la France réclamait la satisfaction. Il sentait que, si la stabilité des institutions est la condition de l'existence des sociétés, il y a, néanmoins, des époques où celles-ci se transforment

---

' Discours prononcé par M. de Serre, le 12 février 1816, à la Chambre des Députés, sur la loi électorale. Il y dit, entre autres choses : « N'est-il pas clair que, si les électeurs offrent les garanties désirables, il y en a moins à exiger des députés ? »

Il revient encore plus tard sur ce sujet, dans une autre circonstance : « Oui, dit-il, la démocratie dans une certaine mesure est un élément nécessaire de la liberté ; mais, et nous l'avons trop éprouvé, le triomphe de la démocratie est la plus dure de toutes les servitudes. »

Discours de présentation de la loi sur la presse à la Chambre des Députés, le 3 décembre 1821.

sans se dissoudre, et se renouvellent pour durer ; que
le mieux alors est de marcher avec le temps pour
l'aider dans son œuvre, et le pire de perdre, en tentant
de l'arrêter, des forces qu'on eût mis à profit en y
travaillant avec lui. Le malheur, l'étude et la méditation avaient mûri vite M. de Serre ; les événements
avaient passé sur son âme sans y éveiller de ressen-
timents ; d'ailleurs, formé par l'empire à la pratique
des affaires, il était un des hommes d'État les plus
capables qu'il léguât à la Restauration, et il lui eût
suffi de se souvenir qu'il avait été dépositaire de la
confiance de l'un pour qu'il ne mît pas ses rancunes
au service de l'autre. Mais il puisait la modération
à une autre source encore que ses dispositions et ses
sentiments personnels. Il y avait trop longtemps que
les partis avaient essayé de se vaincre en s'étouffant ;
il n'eût pas été un sage, s'il n'avait senti que la tâche
de l'homme d'État et du patriote était de travailler
à les réconcilier en les apaisant, et à amener, d'une
part, le libéral de la Révolution, de l'autre, le royaliste
constitutionnel de la Restauration à s'entendre à la
fin, pour confondre dans un même amour l'indépendance et la liberté venues de l'affranchissement révolutionnaire, et les franchises reconnues plutôt que
concédées au nom de la tradition, comme à consentir
à être libres ensemble pour l'être sous la protection
de la même loi, en conservant la prétention innocente
de l'être chacun à sa façon. Il fallait bien qu'ils en
vinssent là, car les barbares seuls s'exterminent in-
définiment, et, le jour où la paix est faite, on com-

prend qu'on ne l'a obtenue qu'en ne sacrifiant les droits de personne, et en servant ainsi les intérêts véritables de tout le monde. Car c'est seulement à cette double condition qu'on est vraiment de son temps et de son pays.

Voilà ce que pensaient les partis qui divisaient la France ; voilà ce que pensait l'homme lui-même qui allait tenir le timon des affaires au sein des combats qu'ils se livreraient pour s'en disputer la direction : leurs forces étaient loin de se balancer ; la fortune était plus loin encore d'avoir arrangé les choses au gré de celui qui devait prendre une part si grande à la lutte. Les amis de l'égalité civile et de la liberté, les hommes qui demandaient au gouvernement constitutionnel d'en organiser la jouissance et d'en assurer le maintien, étaient si nombreux qu'on aurait pu affirmer qu'à eux seuls ils composaient les trois quarts de la nation ; mais, étourdi encore du coup que lui avait porté la défaite de 1815 et intimidé par l'attitude triomphante qu'avait prise vis-à-vis de lui le parti ultra-royaliste au sein des élections, ce parti vraiment national lui avait laissé le champ libre, en le désertant, et lui avait cédé presque sans combat la victoire en se désintéressant de la lutte. L'enfantement n'avait pas été heureux, et d'un travail, où la France n'avait pas su s'aider elle-même, il était sorti une Chambre capable, dans sa haine de la Révolution et dans son ressentiment des événements qui avaient compromis ses espérances, de se laisser emporter au delà de toutes les bornes par l'impatient appétit des réactions.

Le Roi avait noblement reconnu les fautes de son premier gouvernement; quoique une si récente expérience lui eût apporté de sagesse, il n'avait su, néanmoins, ni les réparer toutes, ni s'abstenir de retomber dans quelques-unes. Sa maison militaire était, pour lui, un service, ou plutôt une institution dans laquelle se réflétait la dignité traditionnelle du souverain : quel que fût son désir d'alléger les charges du trésor, en diminuant les dépenses de l'État, il n'avait pu se résigner à la suppression d'un corps qui éveillait la jalousie du reste de l'armée et y semait des germes de désaffection; il ne pouvait pas plus encore consentir à ouvrir son règne de sa rentrée sur le sol de la France qu'à substituer le drapeau tricolore au drapeau blanc : ne pas dater du jour où l'antique loi de la monarchie l'aurait appelé à recueillir la couronne, ou faire marcher devant lui une autre bannière que celle qui avait conduit ses pères au combat, c'était, pour lui, pis qu'abdiquer, puisque c'était renier son origine et désavouer leur gloire. Enfin aux yeux d'une nation qui croyait avoir, depuis vingt-cinq ans, choisi son gouvernement et ses souverains, il avait le tort, plus apparent que réel, de lui avoir été imposé par l'étranger, et de n'être remonté sur son trône qu'en s'appuyant sur les bras des ennemis de la France; il s'en défendait maintenant avec fierté, mais avec trop de réserve encore. L'étranger n'avait pas ramené la Restauration à sa suite; elle avait profité, pour se produire, d'une guerre qui n'avait pas été entreprise pour elle, et la nation l'avait acceptée sans qu'on la lui imposât. C'était donc une erreur et une faute de reporter vers les alliés ce qui ne venait que de la fortune, et de leur rendre grâce d'un service qu'ils n'avaient pas rendu. Louis XVIII eut ce tort et l'aggrava ; dans un accès d'imprudente courtoisie, il eut la faiblesse de protester de sa reconnaissance pour les souverains coalisés, et de confesser que presque autant qu'à Dieu il devait sa couronne à cette puissance dans laquelle la France voyait une rivale et une ennemie.

En lisant dans les journaux les noms des députés nouveaux et les discours que quelques-uns d'entre eux avaient prononcés devant les colléges électoraux en qualité de présidents, la France avait commencé à s'inquiéter : le ministère, dont le Roi s'était d'abord entouré, ne l'avait qu'à demi rassurée ; il l'avait modifié, mais en y renforçant peut-être par les noms les idées qui éveillaient les craintes : M. Fouché en était sorti, mais le duc de Feltre, M. Dubouchage et M. de Vaublanc y étaient entrés [1]. La plupart des hommes qui le composaient maintenant rendaient assez exactement les sentiments du souverain et les opinions du pays ; quelques-uns, cependant, inspiraient encore des doutes ; le cabinet, dans son ensemble, n'offrait pas cette homogénéité de principes et de vues sans laquelle une administration ne possède point la force et ne peut aspirer longtemps à l'autorité, et

---

[1] Premier ministère : MM. de Talleyrand, de Richelieu, Fouché, de Jaucourt, Louis, Pasquier et Gouvion-Saint-Cyr.

Deuxième ministère : MM. de Richelieu, de Feltre, de Vaublanc, Dubouchage, Decazes, Barbé-Marbois et de Corvetto.

qui était surtout nécessaire pour aider une société sourdement travaillée par tant de divisions, à franchir, sans succomber à l'épreuve, le passage d'une monarchie récemment élue à une monarchie venue de loin par l'héritage, d'un gouvernement passivement obéi à un gouvernement obéi, mais préalablement discuté. Le Roi devait sans cesse agir sur son ministère pour y maintenir l'union, et peser sur les chambres pour y contenir la fougue et l'empêcher d'éclater en vengeances et en persécutions. M. de Serre fut bientôt un des leviers qui exercèrent avec le plus de puissance et de succès cette haute intervention. Il s'était rencontré avec MM. Royer-Collard, Pasquier, Beugnot, Becquey et Bourdeau, et avec eux il avait composé un noyau autour duquel ils espéraient, comme lui, réunir les députés résolus à opposer une résistance énergique au flot de la réaction ; ils voulaient ainsi constituer une minorité royaliste-constitutionnelle, qui, en s'appuyant sur les principes du gouvernement représentatif, en faisant appel à l'esprit de conciliation et en s'autorisant de la Charte, de laquelle, comme de leur source vive, ils faisaient découler l'un et l'autre, tiendrait la majorité ultra-royaliste en échec devant le pays, et servirait, tout en le surveillant, de point d'appui au ministère pour résister à ses tendances et lui faire accepter la volonté du Roi.

De là date la liaison de deux hommes que la conformité de leurs principes et de leurs opinions, de leurs sentiments sur la situation et sur les événements qui l'avaient amenée, de leurs opinions et de leurs vues sur l'avenir vers lequel il fallait tendre, avait naturellement attirés l'un vers l'autre, et qui, dans tous les temps, n'auraient pu se connaître sans s'unir par les liens d'une confiante et étroite amitié ; je ne dirai pas que, partis de points différents, en chemin ils avaient déviés, mais élevés, dans ces temps d'orage, à la forte école de l'expérience, ils y avaient tous deux appris la sagesse, et ils étaient arrivés au même but sans s'être rencontrés sur la route, et presque en suivant des voies qui n'étaient pas les mêmes. Dans cette chambre où la fortune de la Restauration semblait les avoir conduits tous les deux, ils siégeaient, non à côté l'un de l'autre, mais sur des bancs si rapprochés, qu'en passant le bras par-dessus la ligne qui séparait les deux centres, ils pouvaient se donner la main. Hélas ! pourquoi cette ligne, en s'élargissant tout à coup, devait-elle, un jour, devenir un abîme ! Tout non plus ne se ressemblait pas dans la nature et dans la constitution de ces deux hommes éminents, mais les différences y contribuaient, en les complétant l'un par l'autre, à rendre M. de Serre plus nécessaire à M. Royer-Collard, et M. Royer-Collard indispensable à M. de Serre, et devenaient ainsi entre eux d'heureuses et utiles convenances. L'un, philosophe et orateur, pensait pour parler, et parlait pour enseigner ; l'autre, orateur et philosophe, mais avant tout homme d'action, pensait aussi pour parler, mais parlait surtout pour agir. En les fondant en un seul, il serait sorti du mélange un homme d'État parfait ; la France et la Restauration le posséderaient tant qu'ils resteraient unis. Du jour où ils s'étaient ainsi rapprochés, ils avaient, par la force même de leur entente et de leur exemple, exercé autour d'eux une grande influence, et, s'ils n'avaient constitué un parti, ils avaient au moins fait école ; les hommes qui s'étaient rangés près d'eux et qui avaient accepté leur direction, s'ils n'étaient puissants par le nombre, l'étaient par le talent, et maintenant qu'ils appartiennent à l'histoire, on reconnaît qu'ils ne l'étaient pas moins, peut-être, par la prévoyance, par la sagesse et par la vertu. Les disciples qui suivent les maîtres ne forment jamais une foule. Mais si l'école n'était composée que de quelques-uns, elle était l'âme du parti constitutionnel, et quand les chefs marchaient, la minorité, qui se pressait compacte sur leurs pas, avait fait en chemin tant de recrues aux dépens de la majorité que souvent, quand elle se comptait par le scrutin, elle reconnaissait que les rôles avaient changé, et qu'elle était devenue la majorité elle-même.

Longtemps on a parlé des doctrinaires sans expliquer ce qu'ils étaient, en établissant nettement ce qu'ils pensaient ; aujourd'hui que l'histoire seule en parle, il est peut-être difficile de comprendre tout ce qu'elle en dit, parce qu'on a négligé de définir les opinions qui étaient réputées les conditions du contrat de leur union : on en est resté au mot, sans pénétrer son sens, et l'un est devenu une de ces appellations vagues qui recouvre l'autre comme un dogme d'une enveloppe mystérieuse. Écrivains, philosophes, hommes d'État, orateurs, presque tous par inclination et par devoir voués aux travaux de l'esprit, les doctrinaires s'étaient complu à appliquer les méthodes de la philosophie à l'étude de la politique et de l'histoire; sous les faits ils aimaient à chercher les raisons ; il en dégageaient les enseignements comme une déduction nécessaire, et de la pratique du gouvernement représentatif, dont ils avaient attentivement étudié les origines, les procédés et la marche chez un peuple voisin, ils faisaient sortir ces leçons de l'expérience et de la sagesse qu'ils élevaient à la hauteur d'axiomes et auxquels ils communiquaient l'autorité des principes. Ils ne niaient pas la souveraineté nationale, mais ils croyaient la désigner par un nom moins dangereux en l'appelant la souveraineté de la raison, et, pour la mettre au-dessus de la controverse, ils la plaçaient dans la Charte comme le peuple de Dieu plaçait sa loi dans l'arche sainte[1].

[1] Cette politique, en général, se réduisait, comme M. Royer-Collard l'a dit lui-même, à ne vouloir de la contre-révolution que le Roi, de la Révolution que la Charte.

(M. Ch. de RÉMUSAT, sur M. Royer-Collard et M. de Tocqueville. *Revue des Deux-Mondes*, tome 55.)

M. de Rémusat avait déjà dit dans son discours de réception à l'Académie française, en y remplaçant M. Royer-Collard : « Qui dans la Charte avait triomphé ? Était-ce la Royauté ? Était-ce la Révolution ? L'une et l'autre se disputaient la Charte. »

Aussi les doctrinaires montrent-ils la souveraineté dans son plein et entier exercice dans l'accord du Roi et des chambres; M. de Serre l'explique assez nettement dans un discours qu'il prononce à la séance de la Chambre des Députés du 20 mars 1821, en parlant sur le rappel à l'ordre provoqué contre le général Demarçay pour avoir dit, dans cette séance, que le gouvernement du Roi était

Ils ne souffraient pas qu'on allât au delà, de crainte qu'on ne tendît encore une fois à une déclaration des droits de l'homme [1]; mais ils demandaient hardiment qu'une fois la voie ouverte par la Charte, on la suivît tant qu'elle ne s'arrêtait pas. Ils n'étaient pas des fanatiques aveugles s'attachant servilement à la lettre du pacte fondamental; sectateurs intelligents de ses dogmes, ils s'inspiraient surtout de son esprit, et si la clarté lui avait encore manqué, ils en auraient appelé aux conseils de l'expérience et de la raison, ou ils auraient volontiers interrogé la constitution des autres peuples pour dissiper les obscurités de la nôtre. L'égalité des citoyens devant la loi, la liberté politique comprenant dans sa brève appellation celle de la conscience, celle de la personne, celle des opinions, celle de la presse et celle des élections; le vote de l'impôt et

fondé sur un acte peut-être irrégulier, mais que la nation avait accepté et reconnu : « A côté de la souveraineté du roi, dit M. de Serre, et sous sa protection, nous avons toujours maintenu les droits des sujets, et c'est dans cette distinction que réside l'accord du pouvoir et des libertés. Tous les droits avaient été détruits, toutes les libertés anéanties par la Révolution, qui ne sut fonder qu'une succession de tyrannies spoliatrices et sanguinaires. Le Roi parut, avec lui, avec le pouvoir légitime reparurent les droits et les libertés : à la place des anciens droits détruits, le Roi s'est empressé de concéder à la nation les droits et les libertés fondés par la Charte; droits aussi sacrés que l'est la souveraineté du Roi dont ils émanent.... Le Roi exerce la souveraineté la plus entière, celle de la loi. avec le concours des chambres. »

[1] « Deux de nos assemblées fameuses ont essayé d'exprimer les droits et les devoirs ; elles se sont perdues dans cet essai..... Tout ce qui n'est pas défendu est permis. »

(M. de SERRE, discours prononcé à la séance du 25 janvier 1822.)

des lois par les pouvoirs qui représentaient la nation ; enfin la responsabilité des ministres couvrant celle du souverain, le rapprochement ou la fusion des partis par l'oubli des fautes du passé, la réconciliation de la France et de la dynastie destinée à régner sur elle ; tels étaient les articles de leur foi ; ne nous étonnons pas que l'établissement du gouvernement représentatif fût le triomphe auquel ils aspiraient pour elle.

Montesquieu était leur publiciste ; je me trompe, ils avaient la prétention de puiser directement la science du gouvernement à ses véritables sources, dans l'histoire et dans la philosophie, c'est-à-dire dans l'expérience et dans la méditation.

Si l'on attaquait ces principes du gouvernement représentatif, qui étaient la règle de leur politique, on les trouvait résolus à les défendre avec énergie ; si les partis, sous prétexte de les interpréter en les pratiquant, en venaient aux mains, ils intervenaient à propos dans la lutte ; s'interposant entre les partisans des priviléges anciens et ceux des intérêts nouveaux pour les contenir, en les rappelant au respect du droit, ils élevaient alors une question de fait à la hauteur d'une question de principe, la résolvaient par les textes de la Charte ou par les exemples de l'histoire avec la ferme et décisive autorité de maîtres sûrs d'eux-mêmes, et quand, parlant par la bouche de ceux qu'on leur donnait pour chefs, de M. Royer-Collard ou de M. de Serre, ils s'exprimaient sur les effets des mesures mises en délibération, ils le prenaient de si haut et leur langage était si affirmatif, qu'on aurait dit que les juges étaient devenus des prophètes et rendaient des oracles.

Mais la scène est ouverte, il est temps d'y faire entrer l'acteur dont j'essaye de raconter la vie, et de l'y mettre aux prises avec les hommes et les événements. La première question sur laquelle les partis s'engagèrent fut celle de l'amnistie. Le Roi, son ministère et le parti royaliste ne pouvaient s'imaginer que le retour de l'Empereur fût son œuvre et qu'il n'eût pas été préparé, ou tout au moins secrètement provoqué et secondé par les généraux ou les hommes d'État qui avaient embrassé sa cause aussitôt qu'il avait remis le pied sur le sol de la France ; les hommes de ce parti réclamaient donc hautement contre eux, dans leurs journaux ou dans leurs discours, des mesures de haute police ou des poursuites, et il leur fallait (les fougueux de tous les partis se ressemblent dans les moments de révolution) des mises en jugements, des supplices et des tables de proscription. Le Roi et les ministres y résistèrent autant qu'ils le purent ; à la fin ils cédèrent pour rester maîtres de la situation, en réglant toutes les conditions des mesures à prendre ; ils publièrent une ordonnance d'amnistie qui devait être soumise aux chambres pour être convertie en loi ; sous forme d'exception, elle contenait, pour les uns, une véritable traduction devant les tribunaux et frappait les autres de proscription, en les obligeant à quitter le territoire de la France. Ce n'était qu'une satisfaction insuffisante offerte aux passions du parti royaliste : la commission de la chambre proposa de

substituer au système des exceptions nominatives,
qui rassurait au moins tous ceux qui n'étaient pas
nominativement désignés, celui des catégories qui
frappait tout le monde de terreur, en faisant planer
sur la tête de chacun la menace de la poursuite. La
minorité attaqua de front le projet de la commission ;
M. de Serre monta sur la brèche à côté de M. Royer-
Collard, de M. Pasquier et de M. Siméon, et employa
tour à tour, pour le combattre, l'arme de la logique
et celle du sentiment ; il fit parler la raison et l'histoire ; il peignit, sous des couleurs qui devaient frapper
les yeux et les imaginations, les persécutions cachées
sous le nom de poursuites et la spoliation dissimulée
sous celui d'indemnité ou de confiscation, et, ne crai-
gnant pas de mettre le Roi en scène pour faire ressortir ses dispositions à l'indulgence et les imposer au
parti qui se portait comme son plus ferme soutien,
il argumenta de sa clémence pour contenir la sévérité
de la Chambre. Son discours, empreint d'une chaleur
qu'il ne pouvait tenir que de l'improvisation, et marqué
tout à la fois par l'élévation du langage et par la
mesure, après avoir vigoureusement poussé sa démonstration, éclate en nobles et généreux accents [1] :

« Quand tous sont animés des mêmes sentiments
d'amour pour le Roi, dit l'orateur, quand tous sont
convaincus de la nécessité de l'amnistie pour sauver
la France, comment la commission propose-t-elle de
se séparer du Roi, d'affaiblir la rigueur des excep-

____

[1] Séance du 5 janvier 1816.

tions[1], là où le Roi veut sévir, et d'ajouter à cette rigueur là où sa sagesse veut épargner?........ Il ne peut y avoir d'exceptions qu'autant qu'elles sont nominatives. Il faut que l'individu excepté lise son nom et sache qu'il est atteint. Il faut plus encore, il faut que ceux qui sont hors de l'exception soient rassurés, et les catégories font planer l'inquiétude sur tout le monde........ Messieurs, lorsqu'une nation a parcouru une période de vingt années, que le sang a été versé à flots par les proscriptions et à torrents dans les combats, je trouve bon ce sentiment généreux qui fait horreur des supplices. »

Puis, dans la même discussion, parlant de la confiscation que la commission veut rétablir et dont quelques-uns se plaisent à préconiser l'emploi pour venir au secours du trésor, M. de Serre ajoute : « Il y a cent cinquante ans qu'elle eut lieu en Irlande, la confiscation, et cette malheureuse contrée en est encore agitée........ Messieurs, notre trésor peut être pauvre, mais qu'il soit pur ! C'est en entretenant au sein de la nation les sentiments nobles et généreux que vous l'enrichirez d'une manière digne de vous; méprisez de misérables dépouilles; conservez à nos lois fondamentales le caractère de noblesse et de pureté dont elles sont revêtues, et laissez aux Bourbons la reconnaissance d'une grande pensée morale et politique, qui leur assure la reconnaissance de la nation et la vénération de la postérité. »

---

[1] Pur et habile euphémisme ; la commission, loin de rien adoucir, aggrave tout.

Le rejet des catégories, après un pareil discours, devait faire autant à la bourse que dans les familles pour raffermir le crédit et rassurer les esprits. Ce discours fut une révélation et un triomphe ; il commença une renommée qui ne cessa plus de s'accroître, et, le jour où il fut prononcé, il se leva sur la tribune française une gloire qui allait pour jamais l'éclairer du plus vif éclat.

Quelque temps après ce début, M. de Serre remonte à la tribune dans une circonstance qui n'est pas sans analogie avec celle-ci, et il y tient, pour défendre de la persécution les fonctionnaires qui résistent aux entraînements du zèle des ultra-royalistes ou pour préserver de la ruine les créanciers de l'arriéré, un langage qui ressemble, par l'élévation de la pensée et la noblesse des sentiments, à celui qu'il a fait entendre pour repousser les catégories d'amnistiés et conjurer le retour de la confiscation. La loi des finances de 1814 avait reconnu toutes les dettes contractées par l'Empire et en avait assuré le payement intégral ; la commission, chargée d'examiner le projet de budget soumis à la Chambre par le ministre des finances, proposait de le régler en rente 5 pour cent au prix de 100 fr., alors qu'à la bourse, elle n'était cotée qu'à 67. C'était la banqueroute ; n'importe, on l'acceptait, pourvu qu'elle profitât au trésor et qu'elle servît à châtier les partisans ou les soutiens du gouvernement qui venait de tomber. Par occasion, en même temps qu'on déblatérait contre ses serviteurs, on mettait en suspicion la loyauté de ceux qui avaient prêté leur concours au gouvernement du Roi en en acceptant des fonctions, et on gourmandait la tiédeur de ces agents de l'autorité qui pensaient que le zèle peut encore connaître la mesure, et qu'il ne doit pas rester étranger à la modération.

M. de Serre monte à la tribune, aborde résolûment les propositions de la commission, les examine en détail pour les envisager ensuite dans leur ensemble, et, les jugeant, en les mesurant sur les règles de la morale de tous les peuples et de cette honnêteté qui fait la loi des États comme celle des particuliers, il n'en laisse pas une seule debout. Puis, donnant enfin un libre cours à son indignation, tout en la contenant sous la forme d'un langage qui n'ôte cependant rien à sa généreuse hardiesse, il s'écrie :

« L'injustice du passé nous révolte; mais, Messieurs, si les siècles pouvaient se rapprocher devant nous ; si, dépouillée de la mousse du temps, la racine de tous les droits pouvait se découvrir à nos yeux, pensez-vous que les droits les plus justement respectés aujourd'hui nous apparaîtraient purs de toute violence, de toute usurpation, de toute injustice? Eh bien, Messieurs, celui qui n'a pas compris que la Révolution renferme plusieurs siècles en elle, celui qui n'a pas senti que la volonté du Roi, la Charte qu'il nous a donnée, avait reculé dans le temps tous les actes antérieurs, cet homme n'a point élevé ses pensées assez haut pour concourir à donner des lois à la France actuelle......

» Un zèle trop ardent ou trop ombrageux peut être

nuisible ; parce que nous avons vu tomber le trône, ce n'est pas une raison pour y porter sans cesse la main (des murmures interrompent l'orateur) ; parce que nous avons vu le Roi trahi, ce n'est pas un motif pour assiéger de nos alarmes et de nos méfiances ses serviteurs actuels. A notre arrivée, il était nécessaire d'appeler des épurations ; mais aujourd'hui, que depuis six mois on a recomposé les administrations, leur adresser encore en masse les mêmes reproches, appeler à grands cris l'épuration des remplaçants, comme on a fait celle des remplacés, ce n'est pas seulement une chose intempestive, c'est une chose éminemment dangereuse (Un grand nombre de voix : Oui ! oui !). On se plaint que les ministres ne marchent point : je m'étonne, moi, qu'ils puissent faire un seul pas, lorsque, si l'on ne décrédite pas eux-mêmes, on décrédite au moins, on décourage leurs subordonnés. Tout se paralyse, chacun hésite lorsque chaque démarche peut amener une accusation. Le caractère national s'altère, la délation, horrible fléau, commence à infecter la France. Il est temps qu'un emploi cesse d'être un crime, et la confiance du Roi un titre de suspicion........ » (Un vif mouvement d'adhésion se manifeste.) [1]

---

[1] Séance du 18 mars 1816.

Cinq ans plus tard, le 16 juin 1821, M. de Serre professait les mêmes principes et exprimait les mêmes idées quand il disait, en répondant à M. Clauzel de Coussergues, qui reprochait au ministère d'employer, pour servir la royauté, les hommes qui avaient été les serviteurs de l'Empire : « M. Clauzel a reconnu, et on recon-

L'expérience ne saurait donner plus de sagesse, l'esprit porter des vues plus justes et des jugements plus fermes sur les faits de notre histoire, le bon sens faire ressortir avec plus d'à-propos la supériorité de la modération sur le zèle, la bouche de l'homme rencontrer un langage plus noble et plus éloquent.

Aujourd'hui il défend les fonctionnaires contre les hommes qui leur font un crime de leur soumission et de leur fidélité ; plus tard, lorsque les prédications de la presse royaliste auront éveillé chez quelques-uns le besoin et la tentation d'une indépendance qui les soustrairait à la subordination et, à un moment donné, les mettrait en opposition et en lutte avec l'administration dont ils sont les représentants, il pose avec netteté la limite des droits du citoyen et des devoirs du fonctionnaire ; ce n'est pas encore le ministre qui commande, mais c'est le rapporteur qui, à propos des restrictions que les nécessités du moment et du maintien de l'ordre imposent à la liberté individuelle, parlant de haut et prenant pour commenter la loi, d'avance, le ton calme et ferme du législateur, dit les choses nettement après les avoir mûrement pesées, et trace à chacun son devoir en proclamant son droit.

« En souffrant, dit-il, en protégeant même l'opposition légale, le Gouvernement ne tolérera pas que

naîtra, dit M. de Serre, qu'un gouvernement étant établi, ce gouvernement étant reconnu par presque toute l'Europe, tous les Français l'avaient pu servir dans la ligne de leurs devoirs et de leur honneur.

» Le Roi a, dans sa haute sagesse, proféré ces propres paroles :
« Les services rendus à l'État sont des services rendus au Roi. »

cette opposition trouve en lui-même des points d'appui ;
c'est parce qu'il peut, qu'il doit être surveillé, contredit par les hommes placés hors de lui, qu'il doit
être aussi ponctuellement obéi dans les ordres qu'il
donne pour l'exécution des lois, fidèlement secondé,
servi dans la marche qu'il a adoptée, par les hommes
qui se sont faits ou veulent rester ses agents directs [1]. »

Dans une autre circonstance, devenu ministre et mis
en demeure de s'expliquer sur l'usage qu'il a fait de ces
principes dans la pratique, il tient le même langage :
« Nous n'avons pas, dit-il, balancé à rompre avec tous
ceux qui n'adoptaient pas notre système ; nous n'avons
pas hésité à éloigner de toutes les fonctions publiques
ceux qui le combattaient dans toutes les occasions.
Mais quand les fonctionnaires publics sont entrés fran-
chement dans notre système......, quand ils nous ont
été fidèles, nous devions leur être fidèles à notre
tour [2]. »

Un polémiste habile, esprit aussi fin que solide, un
des organes les plus accrédités du parti libéral, tenait,
de son côté, le même langage et appuyait ainsi les
vues de l'homme d'État de l'assentiment de l'opinion
publique : « Comment l'ordre pourrait-il régner dans
un pays où les agents qui exécutent sont les ennemis
secrets du pouvoir qui commande. Il est aussi impossible à un ministère de suivre un système avec des

---

[1] Rapport sur le projet de loi relatif à la liberté individuelle, séance
de la Chambre des Députés du 9 janvier 1817.

[2] Discours prononcé par M: de Serre à la Chambre des Députés,
le 5 juillet 1821.

fonctionnaires indociles ou rebelles, qu'à un général de suivre un plan de campagne avec des lieutenants qui contrarieraient ses mouvements ou qui donneraient le mot d'ordre à l'ennemi[1]. » On le voit, M. Etienne n'avait qu'à ouvrir le discours de 1817 pour trouver la réponse à la question qu'il se fait en 1819.

La discussion du budget appela, de nouveau, M. de Serre à la tribune pour y porter la lumière sur une autre question ; la matière était encore plus délicate, le sujet plus difficile à traiter, car le terrain sur lequel devait s'engager la lutte était brûlant. La commission de la Chambre des Députés, une fois entrée dans la voie des réformes, ne s'était plus arrêtée et, d'un saut, si la monarchie la suivait, elle la faisait rentrer dans l'ancien régime. Au crédit en argent proposé par le ministre des finances pour pourvoir aux dépenses du culte catholique, elle substituait une dotation immobilière et perpétuelle prise sur les forêts de l'État, et composée, en grande partie, si ce n'est pour le tout, de celles qui avaient autrefois appartenu aux établissements ecclésiastiques : elle ne la présentait pas seulement comme la simple dotation d'un service, mais elle y attachait particulièrement le caractère d'une restitution ; celle-ci admise, il n'y avait plus qu'un pas à faire pour arriver à celle des biens des émigrés et à la révocation des ventes nationales. C'était le point de vue qui touchait le plus intimement à la situation

---

[1] M. Étienne, *XXXIXe lettre sur Paris*, 6 janvier 1819.

politique du pays et qui agissait le plus vivement sur l'opinion hors de la Chambre ; mais c'était le côté par lequel on aurait le moins de chance d'amener la majorité à refuser son assentiment aux propositions de la commission : M. de Serre le comprit à merveille ; aussi, négligeant, dans le sujet, ce qui ne pouvait s'adresser qu'aux passions, il l'aborde par le côté par lequel il tient au droit public de l'ancienne monarchie, et peut agir sur l'économie de la société ou sur les relations de ses différentes classes entre elles. Il ne s'aventure pas à parler de la constitution civile du clergé, ou plutôt il n'y fait allusion que pour la déplorer comme une faute de la première de nos assemblées délibérantes ; puis il laisse entrevoir qu'un corps, possesseur d'un revenu dont le chiffre ne tarderait pas à dépasser cinquante millions, qui l'administrerait comme il l'entendrait et ne relèverait du contrôle de personne dans son emploi, deviendrait bientôt un péril pour tous les autres ordres de l'État ou toutes les autres classes de citoyens : ce qu'on veut tenter est une innovation qui répugne aux lois de l'ancienne monarchie et à l'esprit de sa constitution ; l'Église, quant à son temporel, n'y faisait point un corps dans l'État; les corporations y possédaient des biens, mais ils étaient leurs propriétés particulières, et l'ensemble du clergé ou de l'ordre ne pouvait y affecter des droits qui auraient été la négation des leurs ; si une congrégation était supprimée, ses biens n'étaient attribués ni à ses membres, ni aux autres congrégations religieuses, mais ils étaient dévolus à l'État : c'est ainsi que la Rélution, en supprimant les ordres religieux, a pu mettre le domaine public en possession de leurs biens ; on était donc dupe d'une erreur en demandant à la Chambre d'assigner au culte dominant une rémunération de cette nature ; ce qu'on voulait, ce n'était pas retourner à l'ancien régime, mais créer une innovation qu'il aurait repoussée, si on la lui avait proposée.

Quelque habile qu'il fût, le discours de M. de Serre, au lendemain de la seconde Restauration et devant une Chambre pareille, était, chez un royaliste, une hardiesse qui approchait de la témérité ; un instant la prudence manqua à l'orateur qui improvisait, il fut ramené à la mesure par un rappel à l'ordre ; averti, il fut plus circonspect, mais il n'en fut que plus ferme, et la harangue, interrompue par la censure du président, emporta la délibération, en faisant rejeter, au vote, la proposition de la commission.

Ce rejet eut une grande portée ; il rassura les nombreux détenteurs des biens nationaux, et montra que la Charte n'avait point fait une vaine promesse en garantissant l'inviolabilité des ventes nationales. Il était dans la destinée de M. de Serre d'en raffermir une fois encore le principe, en faisant rejeter, dans la discussion de la loi de la presse du 25 mars 1822, un amendement qui, en affectant de rendre plus formel le texte de son article 3, aurait, en le reproduisant pour le rajeunir, couru le risque d'énerver celui de l'article 9 du pacte constitutionnel qui consacre solennellement le maintien de ces ventes . Pour lui, c'était assez de la Charte ; une loi nouvelle ne ferait qu'ébranler son autorité si bien maintenue par les tribunaux et le conseil d'état.

Comme tous les gouvernements représentatifs au moment où ils se forment, en prenant possession de la société qu'ils sont destinés à conduire, celui de la Restauration avait compris que le système électoral, c'est-à-dire les procédés de formation de l'Assemblée élective, était au moins l'une des bases sur lesquelles il allait se fonder et, en tous cas, l'instrument principal et décisif de son action ; aussi avait-il, dès les premiers moments, songé à l'organiser ; mais se reposant de ce soin sur M. de Vaublanc, ministre de l'intérieur, l'homme du parti ultra-royaliste et le moins autorisé peut-être, par la fermeté de ses vues, à prendre sur soi l'accomplissement d'une aussi grande mission, il l'avait chargé de rédiger un projet de loi sur les élections ; le ministre se mit immédiatement à l'œuvre et, sans en avoir conféré avec les principaux représentants des partis qui divisaient la Chambre, ni même sans s'être assuré l'assentiment de ses collègues par une communication préalable de son texte, il se hâta de présenter à la Chambre des Députés un projet de loi qui ne tenait aucun compte de quelques-unes des dispositions formelles de la Charte sur la matière, et avait de plus le malheur de ne contenter personne. La commission qui l'examina le refondit ; M. de Serre,

' Discours prononcé à la Chambre des Députés, le 25 janvier 1822.

combattant son système comme celui du ministre, présenta le sien. Le discours qu'il prononça dans cette circonstance[1], n'est pas l'œuvre la plus parfaite de l'orateur, mais c'est peut être celle où l'homme d'État a le mieux révélé la profonde pénétration, la sagacité prévoyante de son esprit, la haute portée en même temps que la puissante originalité de ses vues. M. de Serre débute par faire ressortir, dans un langage d'une pompe qui ne méseyait ni au personnage, ni au lieu, ni au sujet en délibération, la gravité de la question dont la Chambre doit donner la solution. « Le Roi, en rentrant en France, dit-il, n'a pu s'occuper que du faîte de l'édifice social ; il a dû remettre au temps le soin de construire les étages inférieurs et peut-être même les fondements. Si ces fondements existent dans notre état social actuel, élevons sur cette base un durable édifice, je dirais volontiers un temple ; car une société bien ordonnée est le plus beau temple qu'on puisse offrir à l'Éternel. »

Ensuite il cherche à pénétrer le sens intime de la Révolution de 1789, dont il accepte les résultats essentiels, et des événements qui l'ont suivie jusqu'à ceux qui lui paraissent l'avoir dénouée et close en ramenant la Restauration. Tout a été détruit, il faut tout reconstruire ; on sait où l'on veut aller, mais non comment y parvenir ; quelles garanties réclament les peuples, mais non dans quelles formes et dans quelle mesure on les leur offrira ; quelle société est sortie

[1] Séance du 28 octobre 1816.

de ce creuset où l'ancienne a été mise en fusion, mais non peut-être quel esprit l'anime. On sait bien enfin quelles sont les tendances des personnes ou des partis, mais on ignore quelles peuvent être les aspirations communes de tous. Peut-il, chez une nation où toutes corporations ont été détruites, où de ces corps collectifs qui composaient l'ensemble du corps social il n'a survécu ni un intérêt, ni une tradition ; où chacun, occupé de l'affaire du jour sans souci de l'intérêt du lendemain, toujours disposé à obéir et jamais tenté d'examiner, n'éprouve ni le besoin ni le désir d'élever ses regards vers la chose publique, et vit ainsi dans son isolement ; où l'État, voyant, pensant, agissant pour tous, l'administre comme si le citoyen y était étranger et ne l'emploie que comme un simple instrument à la gestion de ce domaine dans lequel il a cependant sa part, puisqu'il est celui de tout le monde ; peut-il y avoir un esprit public, c'est-à-dire, touchant le bien-être et la conduite de la société, un ensemble d'idées et de sentiments qui résident au fond de toutes les consciences ; qui s'y maintiennent à travers toutes les épreuves et en dépit des événements ; qui se transmettent du père au fils, d'une génération à l'autre, avec le souffle et la vie, comme l'instinct du droit et du devoir, comme un dépôt, comme un héritage, sous la garantie de l'exemple et de l'habitude, et sous la forme sûre et mystérieuse de la tradition ; et qui, acceptés et suivis comme l'opinion commune au sein de toutes les divergences particulières, deviennent la foi et, pour ainsi dire, le dogme et la religion politique de la nation, lui assignent son véritable caractère, dictent à l'homme comme au Gouvernement sa conduite et constituent, enfin, l'aspiration permanente du citoyen et de l'État? M. de Serre ne le cache donc pas, du premier au dernier membre de l'association, dans un ordre de choses dont l'égalité civile et la liberté réglée dans toutes ses conditions par la loi sont la base, il veut, dans la mesure de son intelligence, de son aptitude, de ses lumières, de son expérience et des biens qu'il a engagés dans l'avoir social ou placés sous la garde de la société, les intéresser tous à la gestion de la chose publique; celui-ci dans la commune, celui-là au département, ceux qui ont en même temps le plus acquis et le plus à conserver, le plus d'âge et par conséquent le plus d'expérience, les meilleurs, comme le dit Aristote quand il définit l'aristocratie, au centre même de l'État, dans les chambres ou dans les conseils où, représentants de la société tout entière, ils décident de ses affaires et en règlent l'administration suprême : c'est là le moyen de réveiller ou de créer l'esprit public, c'est-à-dire l'esprit vital de tout, comme il le dit plus tard à propos des élections [1]. Faisant

[1] Discours à la Chambre des Députés, le 23 mars 1819.

Cette pensée des institutions locales a préoccupé les plus graves esprits sous la Restauration : M. de Villèle en parlait un des premiers dès 1815 ; le général Foy en parle lui-même en 1824, pour les rattacher aux institutions politiques :

« Pourquoi donc, dit-il, les affaires qui ne touchent pas immédiatement au gouvernement du royaume seraient-elles discutées et manipulées ailleurs que dans nos départements et dans nos communes? Pourquoi les différentes portions du territoire n'auraient-elles l'application de ces vues à l'élection des députés, il propose, pour rentrer dans l'esprit de la Charte et se conformer à son texte formel, de faire nommer directement les députés par les électeurs, et de reconnaître pour tel tout citoyen âgé de trente ans, qui paye trois cents francs de contributions directes [1]. Seulement, tenant compte, dans cet ordre supérieur d'intérêts, de leur diversité et de la diversité même des situations et des idées de ceux à qui ils sont propres, il partage, dans certains cas et suivant le chiffre des populations agglomérées, les électeurs en deux colléges, l'un des campagnes, l'autre des villes, et, ne subordonnant ou n'assujettissant en aucune façon un ordre d'intérêts à l'autre, il assure ainsi à chacun, à la terre et au capital, à l'industrie et au commerce comme à la pratique des professions libérales, ses défenseurs spéciaux et ses représentants. Dans l'élection à deux degrés, l'un pose l'inconnue, l'autre la dégage, mais peut-être dans des vues opposées aux vues de celui qui lui en a conféré

pas dans leurs conseils municipaux des sphères d'activité publique en harmonie avec la grande sphère législative, proportion gardée de l'importance des attributions? Pourquoi le choix des citoyens, combiné avec les droits de la propriété, ne désignerait-il pas les hommes propres à régir la commune et le département? De là sortiraient, non plus des commis pour les bureaux, mais des hommes politiques pour les sommités de l'édifice social; alors seulement vous auriez un gouvernement représentatif véritable ; véritable, parce qu'il serait représentatif du premier au dernier échelon de la délibération des intérêts collectifs. »

(Discours sur la septennalité.)

[1] Séance du 22 février 1816.

la mission. M. de Serre préfère donc l'élection directe, parce qu'il veut que l'électeur ne juge pas en définitive du candidat par d'autres yeux que les siens et qu'il le nomme parce qu'il le connaît. Il préfère aussi le renouvellement quinquennal au renouvellement intégral ; c'est d'abord pour éviter les brusques changements dans la politique du Gouvernement, mais c'est surtout pour maintenir au Roi, qui est chargé de rétablir et d'asseoir les fondements de sa dynastie et de peser sur les partis pour les conduire en les contenant, une prédominance qui sera longtemps le besoin de la France, qui l'est surtout en présence d'une majorité dont le dévouement aveugle et passionné est devenu l'embarras du moment, et qu'il n'hésite pas à qualifier, comme l'opinion publique, d'ultra-royaliste. Mais laissons-le parler, nous saisirons mieux la nature et l'ensemble de ses vues et de ses idées quand nous l'entendrons les exposer.

« Il faut sortir de cet état, et je ne le crois possible que par un amendement qui, je le sens bien, conforme à ce qui fut de tout temps, dans tout pays libre, a, pour nous, l'inconvénient d'être nouveau. Il faut abandonner le système dissolvant de l'isolement des individus, revenir au principe de vie de tout gouvernement durable et libre, à l'association des intérêts distincts.......

» Mais, dira-t-on, vous rompez cette unité si précieuse, qui doit présider à toutes les parties de votre Gouvernement. Mais, Messieurs, il faut bien distinguer ce que la nature elle-même distingue, il faut bien

distinguer les villes des campagnes, et l'industrie de
la propriété. Allons au fait, cessons d'être esclaves
de ce mot d'unité; l'unité n'est pas en tout une
règle absolue; cette règle n'est pas celle du Créateur
lui-même; autrement il faudrait restituer les éléments
au chaos.

» On craint des luttes, des oppositions d'intérêts;
plût à Dieu qu'elles pussent s'établir dans le sens de
mes propositions et qu'elles fussent seules à redouter;
je n'y verrais point des germes de discorde, mais des
preuves d'esprit public et des principes de prospérité.
Je ne crains que la faiblesse, et l'on semble redouter
la force. La force seule du Gouvernement peut établir
et consolider la confiance, et le Gouvernement ne
peut être fort qu'en s'appuyant sur des associations,
et non sur des individus isolés, étrangers les uns aux
autres. Je ne répondrai point à ceux qui verraient ici
l'origine d'un système fédératif, il n'y en a ni le principe ni les conséquences : un système fédératif dimi-
nuerait le pouvoir de la couronne; le mien constitue
fortement la nation, et n'en rend, par conséquent,
la royauté que plus forte et plus puissante.

» Au surplus, je réponds aux objections qui pourraient naître par l'exemple de vingt contrées euro-
péennes, par l'assentiment des âges et des siècles
écoulés.

» Opposerait-on nos mœurs, nos habitudes, notre
caractère, la tendance de l'opinion publique? Nos
mœurs, Messieurs, ont des côtés honorables; je n'y
vois pas, comme on l'a dit, la ruse et la finesse; la

loyauté forme la base de notre caractère ; nos habitudes guerrières et même aussi nos habitudes domestiques méritent l'estime de nos voisins. Nos habitudes civiles et politiques, avant la Révolution, étaient nulles ou frivoles ; depuis elles ont pris trop souvent l'empreinte des factions ou de la tyrannie ; elles peuvent devenir de bonnes et honorables habitudes politiques ; l'opinion peut se dégager de l'influence des restes des partis, et apprendre à discerner le sophisme du raisonnement ; c'est à vous, c'est au Gouvernement à la guider en l'éclairant, à la respecter après l'avoir formée [1]. »

M. de Serre avait formulé son système d'élection dans un amendement ; il ne fut point appuyé et, par conséquent, il ne passa pas par l'épreuve du scrutin. De la chambre et du député qui donc avait raison ? Peut-être l'histoire de notre pays depuis le temps où ils étaient en présence pourrait nous dire lequel des deux se trompait le moins. C'est dans la Chambre des Députés que se trouvait l'élément démocratique de notre Gouvernement, et dans la Chambre des Pairs que résidait celui qu'il empruntait de l'aristocratie ; mais différaient-ils tellement l'un de l'autre qu'il dût les puiser à des sources entièrement opposées ? En en sortant suivaient-ils leur cours sans se rencontrer ? Agissaient-ils chacun de son côté sans se faire d'emprunts ? La loi des élections, en organisant

[1] Discours sur la loi électorale à la Chambre des Députés, le 27 décembre 1816.

le premier, ne toucherait-elle pas au second? M. de
Serre ne le pensait pas : aussi, en se rendant compte
du rôle de la démocratie dans notre société, il se
préoccupait de celui que devait y jouer l'aristocratie,
et de l'action ou de l'influence qu'elle devait, suivant
lui, nécessairement exercer sur elle en le remplissant.
Sans doute, la Charte avait placé l'élément aristocratique de notre Gouvernement dans la Chambre des
Pairs, mais où était-elle allée le prendre pour l'y dé-
poser? Dans un milieu où il était confondu avec l'élément démocratique, et dont le temps et les institutions
naissantes n'avaient pu encore pleinement le dégager.
« En France, disait M. de Serre, nous n'avons point
d'aristocratie, ou du moins elle commence à peine
à se relever dans l'institution de la pairie. Et c'est ce
qui rend plus nécessaire, en ce moment, l'influence de
la couronne, par conséquent des ministres de la couronne, car on ne peut pas concevoir un roi sans
ministres, organes de sa volonté[1]. » M. Royer-Collard
disait de même[2] : « Nous n'avons plus, ou nous n'avons
point encore d'aristocratie; il nous faut la recevoir du
temps. Le pouvoir aristocratique créé par la Charte
n'est encore qu'une fiction; il réside uniquement dans
les vertus, le courage et les lumières des hommes à
qui il est confié. Il ne se réalisera que quand il sera
l'expression fidèle de supériorités réellement existantes
et universellement reconnues. » Toutefois, M. Royer-

---

[1] Discours à la Chambre des Députés, le 12 février 1846.
[2] Discours à la Chambre des Députés, à la même séance.

Collard ne veut pas que l'élément aristocratique s'in-
gère, sous une forme quelconque, avec l'élément
démocratique, dans l'élection pour y participer avec
lui : il fait entre eux le départ, en assignant à chacun
sa chambre. On le voit, sur cette question capitale
des élections, il y a le germe secret d'une dissidence
entre lui et M. de Serre ; elle devait éclater un jour,
entre ces deux hommes, en ce moment si étroitement
unis. Mais M. de Serre pensait déjà alors ce qu'il rap-
pelait plus tard dans un magnifique langage : « Que
la démocratie était partout pleine de séve et d'énergie ;
qu'elle était dans l'industrie, dans la propriété, dans
les lois, dans les souvenirs, dans les hommes et dans
les choses, et que si le torrent coulait à pleins bords
dans les faibles digues qui le contenaient à peine, il
ne fallait pas être assez imprudent pour ajouter à sa
force et à son impétuosité[1]. » Ce n'est donc pas assez,
suivant lui, pour contre-balancer dans le jeu des institutions créées par la Charte l'action d'un pouvoir
qui est celui de tout le monde, d'un pouvoir qui est
à peine sorti de son germe, qui n'a pas encore enfoncé
ses racines assez avant dans le sol pour être sûr d'y
rester ferme et debout, ni pris assez de développement
pour abriter sous son ombre calme et majestueuse les
autres pouvoirs de l'État pendant la tempête. « Il
voudra donc un jour, pour préserver la liberté et les
libertés des égarements d'une démocratie poussée trop

[1] Discours de présentation d'une loi sur la presse, à la séance de
la Chambre des Députés du 5 décembre 1821.

loin, introduire un élément, sinon d'aristocratie, au moins de résistance, dans le système électoral de la France [1]. » Dès 1816, il préfère à l'élection à deux degrés l'élection directe, et au collége unique de département, qui nomme tous les députés, des colléges d'arrondissement qui en élisent chacun un [2]. « On n'aurait pas l'égalité sous l'empire d'une loi qui ferait nommer aux uns un ou deux députés, aux autres douze à quinze [3]. » — « Là, au contraire (dans le système électoral où chaque électeur n'élit qu'un député), il n'y aura et il ne devra y avoir d'exclusion ou d'exhérédation pour personne; car, qu'on ne s'y trompe pas, on commence par exclure, et l'on finit toujours par proscrire [4]. » Une des croyances fondamentales qu'il a émises dès la session de 1816, rappelle-t-il en la séance de la Chambre des Députés du 20 mars 1821, et qu'il croit appuyée sur l'autorité des publicistes de tous les temps, sur l'expérience de tous les âges et de tous les peuples qui ont duré, surtout de ceux qui ont été libres, c'est qu'un gouvernement ne peut agir à la fois et diversement sur un million d'individus; c'est qu'il a besoin, pour agir et pour durer, d'influences intermédiaires; c'est que ces influences sont nécessairement attachées à des positions sociales; c'est que ces positions sociales doivent être d'autant plus fortes que le royaume est plus étendu et plus libre, parce que

---

[1] Discours à la Chambre des Députés, le 30 mai 1820.

[2] Discours à la Chambre des Députés, le 12 février 1816.

[3] Discours à la Chambre des Députés, le 30 mai 1820.

[4] Discours à la Chambre des Députés, à la même séance.

la résistance doit être proportionnée à l'action. Ce qu'il
attend de ces influences, indépendamment de leur
action directe dans les élections, c'est la nette intelligence des intérêts du pays et des institutions destinées
à les protéger ; c'est la mise en pratique, dans le maniement des affaires publiques, des saines notions
qu'elle répandra dans les classes de la société appelées
à y participer dans une mesure quelconque ; c'est,
par l'expansion continue de ces notions dans les
diverses classes de la société et sa transmission d'une
génération à l'autre, la création et la propagation d'un
véritable esprit public qui vivifiera et conservera tout
dans l'État [1]. De là, M. de Serre fait sortir la nécessité
et la garantie du cens électoral établi par la Charte,
le fractionnement des colléges électoraux, peut-être
même leur répartition entre les diverses classes ou
conditions de citoyens déterminés par la diversité des
intérêts et des professions. Il tient moins aux conditions de l'éligibilité, car il est clair, à ses yeux, que
« si les électeurs offrent toutes les garanties désirables,
il y en a moins à exiger de la part des députés [2]. »

Il ne faut pas demander à un homme qui doit
devenir ministre de la Restauration ce qu'il pense
de la souveraineté nationale, ni surtout exiger qu'il
vienne à la tribune la professer aussi ouvertement que
J. J. Rousseau dans le Contrat social. Mais pour peu
qu'on lui permette, après être descendu dans le do-

---

[1] Discours à la Chambre des Députés, le 12 février 1816.
[2] Discours à la Chambre des Députés, à la même séance.

maine des faits actuels, de s'élever dans celui de l'abstraction, il en dégagera des principes qui seront en même temps la répudiation du pouvoir absolu et du droit divin, et la consécration des droits des peuples comme de ceux des souverains. Il fera alors, comme le dirait Bossuet, une Confession de foi qui ne répondra peut-être pas à toutes les tendances des esprits radicaux, mais qui préviendra les interpellations, apaisera les murmures et satisfera l'opinion, en garantissant suffisamment les libertés contre les entreprises de l'arbitraire. Des deux parts on s'entendra désormais sans avoir besoin de s'expliquer de nouveau, et le silence deviendra le compromis de la couronne et de la nation. Une fois pour toutes et la dernière, la puissance souveraine que le Roi tenait de son droit a été pleinement exercée ; désormais elle repose aux mains des pouvoirs que la Charte a constitués. Son exercice ne peut résulter que de leur concours. Devenu ministre, il le dira nettement à la Chambre des Députés, quand un incident y posera la terrible question qui soulève toujours des tempêtes dans les assemblées où on la discute. « L'autorité royale, qui, autrefois, était limitée par un grand nombre de droits particuliers appartenant à des ordres, à des individus, est aujourd'hui limitée par les chambres et par les lois qui ne peuvent ni se changer, ni se faire sans le concours des chambres..... Puisque nous sommes assez heureux pour pouvoir rattacher notre système actuel [1]

---

[1] Le mot propre serait : *nos institutions*.

à des temps antérieurs et lui donner des racines dans le passé, racines qui tiennent toutes à la royauté, gardons-nous de souffrir que ces racines soient affaiblies ; elles sont la principale force de l'arbre social ; elles en sont les imperceptibles fondements....

» Je crois vous avoir démontré le danger qu'il y aurait à dater seulement de sept années notre existence sociale et française, ce qui serait nier et attaquer le fondement de la Charte, et encore le danger auquel vous seriez exposés, si des interprétations nécessaires à la Charte pouvaient être représentées comme brisant tous les serments et tous les liens qui réunissent les diverses parties de la société. Je pourrais aller plus loin, et je suis même obligé de le faire à cause de ce qu'on a dit sur l'omnipotence parlementaire. Tous les publicistes, tous les hommes sensés, n'ont jamais entendu autre chose, sinon que, quand les événements ont amené la nécessité de décider une question constitutionnelle, il fallait que ce fût la souveraineté qui la décidât. Nier cette vérité, c'est nier la souveraineté même, c'est vouloir que la machine sociale, le mouvement d'une nation, s'arrêtent devant le premier obstacle qui se présentera.

» Toutefois, ce serait donner à ces paroles une acception trop absolue, et, par conséquent, fausse, que d'en conclure que la souveraineté complexe telle que nous l'avons, l'autorité royale et celle des chambres, puisse enlever aux Français les droits qui leur sont acquis, droits basés sur la raison et la justice éternelle, mais là où une modification à un article de la Charte

serait nécessaire, il appartient à la puissance législative
de le faire [1]. »

M. Royer-Collard n'aime pas plus que M. de Serre
à agiter cette question, et lorsqu'il y touche, c'est pour
dire que les faits l'ont résolue et que leur solution
s'impose à son époque avec l'ascendant de la nécessité.
« La nécessité, dit-il, a son empire dans le monde
moral aussi bien que dans le monde physique. A une
époque donnée, dans un certain état de la société, une
seule espèce de gouvernement est possible pour un
peuple. Il y a donc pour les institutions de chaque
peuple des principes ou des institutions nécessaires.
Ainsi la monarchie légitime et la liberté sont les conditions absolues de notre Gouvernement, parce que
ce sont les besoins absolus de la France. Séparez la
liberté de la légitimité, vous allez à la barbarie ; séparez
la légitimité de la liberté, vous ramenez ces horribles
combats où elles ont succombé l'une et l'autre. La
Charte n'est autre chose que cette alliance indisso-
luble du pouvoir légitime dont elle émane avec les
libertés nationales qu'elle reconnaît et consacre. C'est
là son caractère ; c'est par là qu'elle est forte comme
la nécessité [2]. »

Ne demandez pas à M. de Serre, à M. Royer-Collard
de déclaration des droits de l'homme : ils vous ren-
verront à la Charte, et, si vous les pressez, l'un
vous répondra : « Tout ce qui n'est pas défendu est

[1] M. de SERRE, Discours à la Chambre des Députés, le 26 janvier 1822.

[2] Discours à la Chambre des Députés, le 17 mai 1820.

permis ¹ » l'autre : « Quiconque n'est pas exclu est appelé ². »

Tous deux s'entendent encore sur un point capital de la situation et sur une des questions essentielles que soulèvent les principes et la pratique du Gouvernement représentatif. La souveraineté réside dans le concours des trois pouvoirs, c'est-à-dire des chambres avec le Roi, mais quelle sera la part de chacun dans ce concours ? Sera-t-elle égale pour tous trois, ou l'un d'eux l'aura-t-il plus forte que les deux autres ? Ils n'hésitent pas à proclamer que le rôle de la couronne doit se subordonner celui des chambres et que son action doit être prépondérante. D'abord rien ne peut se faire sans elle ; ensuite, elle seule a le droit d'initiative, en sorte que sur tout et en tout, à elle appartiennent le premier et le dernier mots ; mais cette prépondérance, qui s'accuse par cette supériorité des

---

¹ Deux de nos assemblées fameuses ont essayé d'exprimer les droits et les devoirs, elles se sont perdues dans cet essai.... Tout ce qui n'est pas défendu est permis.... (Discours à la Chambre des Députés, le 25 janvier 1822.)

² Dans la rigueur du droit, tous sont éligibles, tous sont électeurs, à moins qu'ils ne soient jugés actuellement incapables de l'être. La loi fondamentale n'a pas à reconnaître la capacité, mais à déclarer l'incapacité : Quiconque n'est pas exclu est appelé. (Discours à la Chambre des Députés, le 17 mai 1820.)

Plus tard, après M. de Serre et M. Royer-Collard, et comme eux, M. Thiers dira : « Tant que vous n'apporterez pas un texte, je vous dirai que ce qui n'est pas interdit par la loi est permis, que ce qui n'est pas interdit par la Constitution, nous pouvons le faire. » (Discours prononcé, le 24 mai 1850, devant l'Assemblée législative, sur les modifications à introduire dans la loi électorale.)

prérogatives, elle ne s'exercera que par l'influence de la couronne sur les chambres et ne se manifestera que par la déférence qu'elles témoigneront pour ses vues ; ni asservissement ni révolte ; ni systématique antagonisme ni arbitraire et bon plaisir. L'auteur de la Charte doit avoir sur les chambres, dont il aime à s'entourer, l'autorité providentielle d'un législateur ; le fondateur du Gouvernement représentatif doit en être l'oracle ; il est trop fort pour avoir besoin d'appui, trop clairvoyant et trop juste pour ne pas pourvoir à tout, en prévenant les difficultés, et ne pas tenir la balance égale entre les partis, en restant toujours dans la ligne de la modération : si les choses dataient de loin, l'influence traditionnelle de la Chambre des Pairs, consacrée par des services rendus à la nation et proclamée par la reconnaissance des peuples, permettrait peut-être à la couronne de se tenir à l'écart des luttes des partis et de n'y intervenir que pour les juger en donnant la préférence à celui dont les vues auraient obtenu l'assentiment du pays ; mais l'aristocratie constitutionnelle naît à peine, c'est le pouvoir du Roi qui a seul des racines dans le passé ; c'est donc lui seul qui, en survivant à la Révolution, a reçu la mission de le renouer au présent ; s'il y a un parti qui puisse se dire le parti du Roi, le Roi entend le diriger et non le suivre. Au fond, la prépondérance de la couronne répond à un besoin de la situation ; le ministère n'a pas la majorité dans la Chambre des Députés, mais aussi, on le sent, la Chambre ne l'a pas dans le pays ; quand elle s'emporte, c'est le Roi qui la contient ; quand la nation s'inquiète de ses écarts, c'est le Roi qui la rassure, en apparaissant tout à coup comme le Dieu du poëte pour apaiser le tumulte. Alors les ministres se montrent, et la résistance cède à la voix de ces messagers qui apportent les volontés du souverain. M. de Serre l'explique nettement en prêtant à son langage l'autorité de la forme dogmatique : « En Angleterre, dit-il, l'harmonie ne s'établit dans l'État qu'au moyen de l'influence de la couronne et de l'aristocratie ; elle y est constante sur les élections et sur les chambres. C'est à elle que le Gouvernement doit la persévérance systématique de ses plans et la possibilité de leur exécution. En France, nous n'avons point d'aristocratie, ou du moins elle commence à peine à se relever dans l'institution de la pairie. Et c'est ce qui rend plus nécessaire, en ce moment, l'influence de la couronne, par conséquent des ministres de la couronne, car on ne peut pas concevoir un roi sans organes de sa volonté [1]. »

M. Royer-Collard passionne sa logique pour poser les mêmes principes, en exprimant les mêmes idées : « Je souhaite aussi vivement que qui ce soit que le gouvernement du Roi connaisse sa force et qu'il s'enhardisse à dissiper toutes les résistances, à soumettre toutes les passions rebelles, à faire enfin dominer la volonté royale au-dessus de toutes les contradictions qui osent la démentir ; je souhaite qu'il ne tolère en lui-même aucun principe de discorde, dans ses agents

---

[1] Discours à la Chambre des Députés, le 12 février 1816.

aucun prétexte de désobéissance, et qu'on puisse dire aussi de lui que, sur toute la surface de ce grand royaume, il se meut comme un seul homme [1]. »

Ils vont si loin tous deux dans cet ordre d'idées que, si l'on propose [2] de soumettre à la réélection les députés promus à des fonctions amovibles ou à des fonctions publiques, M. Royer-Collard y voit une suspicion nationale élevée sur un membre de la chambre [3] : M. de Serre s'y oppose formellement par la raison qu'une proposition pareille est un acte de défiance envers le Roi [4]. Devenu ministre, si on renouvelle la tentative, il la repousse par cette autre raison qui, tout en différant de la première, lui ressemble, cependant, beaucoup par sa nature, que, dans une assemblée nombreuse, le Gouvernement ne saurait exercer une bien grande influence, et que les ministres ont eu jusqu'alors tant de peine d'y trouver une majorité qu'il ne serait pas convenable de leur ôter un moyen quelconque d'y parvenir.

Mais ils ne tiendront pas toujours à la rigueur de ces principes ; ils comprendront que le Roi lui-même ne peut, dans l'ordre de choses fondé par la Charte, gouverner par des ministres qu'en s'appuyant sur des majorités. M. de Serre avouera un jour que le ministère dont il fait partie s'efforce de demeurer en alliance avec celle qui s'est formée dans les chambres. « Les

[1] Discours à la Chambre des Députés, sur la loi de sûreté, 1817.
[2] M. de Villèle.
[3] Discours à la Chambre des Députés, le 8 janvier 1817.
[4] Discours à la Chambre des Députés, à la même séance.

alliances, dira-t-il, ne se font qu'au moyen de concessions réciproques. Elles sont naturelles, pourvu qu'elles ne soient pas contraires aux intérêts généraux du pays ; et alors elles ne portent préjudice ni au caractère, ni à la dignité de ceux qui les contractent. C'est une combinaison de la forme du gouvernement sous lequel nous vivons [1]. » Quelques mois plus tard, il ajoutera encore : « Sans doute, bien qu'honorés de la confiance du monarque, les ministres ne pourraient y répondre longtemps s'ils avaient réellement perdu celle de cette chambre.... Sans doute, ce serait un malheur si les hommes que le Roi a daigné honorer de sa confiance avaient perdu celle de la majorité des deux chambres...., mais, pour qu'ils remissent leur démission au souverain, il faudrait qu'il se présentât un système tout formé, un système capable de succéder au système existant [2]. »

La première session de la Chambre de 1815 était close ; cette chambre en avait gagné le terme au milieu des agitations : plus d'une fois le ministère l'avait empêchée de faillir ; mais il n'avait pu obtenir assez d'empire sur le parti ultra-royaliste pour conjurer toutes ses fautes. Elle n'avait guère voté que la loi d'amnistie, la loi de sûreté générale, la loi qui instituait les cours prévôtales et soumettait les magistrats à l'institution, la loi d'abolition du divorce et le budget ; ses violences avaient effrayé la nation,

[1] Discours à la Chambre des Députés, le 5 mai 1821.
[2] Discours à la Chambre des Députés, le 8 décembre 1821.

et ce que la France et le Roi en avaient vu était bien plus propre à éveiller leurs craintes que leurs espérances. Le Gouvernement et la Chambre des Pairs n'avaient pu s'entendre avec elle pour l'adoption d'une loi des élections, qui les organisât sans violer le texte et méconnaître les principes de la Charte sur la composition de la chambre élective : il fallait donc que le Roi cédât à un parti pour lequel il se sentait plus d'éloignement que de sympathie, et que son ministère se retirât devant une opposition qui entravait la marche des affaires, ou que la couronne en appelât résolûment au jugement du pays, en dissolvant la Chambre des Députés et en convoquant les colléges électoraux pour en élire une nouvelle. Ce fut à ce dernier parti que Louis XVIII, plein de confiance dans les vues et dans la sagesse de M. Decazes et de M. de Richelieu, se rangea en rendant cette ordonnance du 5 septembre 1816, qui ouvrit une ère nouvelle à la Restauration et sembla lui ramener, par une heureuse réconciliation, le parti libéral tout entier, en même temps qu'elle la sauvait des exagérations du parti ultra-royaliste.

La Chambre élue sous l'influence de ces dispositions de la nation fut ce qu'avaient espéré le souverain et ses sages conseillers, ni ultra-royaliste ni révolutionnaire, mais libérale et royaliste. M. de Serre fut son homme; la Chambre de 1815 l'avait formé pour elle : la part qu'il avait prise à ses discussions l'avait mis en relief; l'un des plus jeunes de ses membres, puisqu'il était l'un de ses secrétaires d'âge, il s'était montré l'un des plus prudents et des plus sages : dans le cours d'une session il y avait fait preuve d'un sens politique de l'ordre le plus élevé, d'un caractère aussi droit que ferme, d'un talent dont bien peu auraient pu se dire les égaux, que tous auraient pu craindre de se voir bientôt supérieur. La Chambre nouvelle, ne tenant pas compte de l'âge, lui assigna, du premier jour, sur ses bancs, la place qu'il avait conquise sur ceux de l'ancienne, et, au premier tour de scrutin, elle le mit en tête de la liste de ses candidats à la présidence [1]. Des raisons de convenance et de tactique parlementaire firent donner par le Roi la préférence à M. Pasquier. La France possédait enfin une Chambre élue sous l'inspiration de ses sen-

---

[1] M. de Serre était en même temps Premier Président de la Cour royale de Colmar et Conseiller d'État en service ordinaire ; les deux positions étant devenues incompatibles, il dut faire son choix entre elles : il opta pour la première, mais resta Conseiller d'État en service extraordinaire.

Chargé d'instituer les magistrats de sa cour, en recevant leur serment, il fit, à cette occasion, un discours dans lequel on rencontre ces sentiments libéraux qui sont le fond de sa foi politique ; mais le citoyen ne les montre point qu'aussitôt l'homme d'État ne fasse ses réserves, de crainte qu'on ne tire, un jour, avantage de ses aveux contre lui.

M. de Serre fait largement la part de la liberté ; toutefois, il rappelle, pour la rendre sage, que « La liberté, ce prétexte de toutes les ambitions séditieuses, la liberté, qui n'est que le règne des lois, a toujours été la première ensevelie avec les lois sous les ruines du trône...... »

« Nos lois, se hâte-t-il d'ajouter, notre Charte, peuvent être perfectionnées sans doute, et nous n'entendons interdire, ni tous regrets du passé, ni toute espérance pour l'avenir. »

timents et de ses intérêts véritables ; si cette Chambre n'était pas parfaitement homogène , et elle ne pouvait l'être , si elle devait porter l'empreinte de son origine, du moins les partis qui la composaient , reflet exact des opinions qui se partageaient le pays , étaient pour la plupart animés du vif désir de le rassurer par le calme et la dignité de leur attitude , en même temps que par la modération de leur langage , de se rapprocher pour former majorité sur laquelle une administration pût s'appuyer sans crainte , et de s'entendre avec le monarque pour installer enfin parmi nous le gouvernement représentatif et constitutionnel. Ils avaient constaté leurs forces et révélé leur esprit dans les scrutins qui venaient de s'ouvrir pour constituer le bureau de la Chambre : il ne s'agissait plus que de donner à la couronne le temps de se mettre en rapport avec elle par la présentation des projets de lois que réclamait la situation. Ils ne se firent pas attendre ; ils portaient sur les élections, la liberté individuelle et les journaux ; dans la discussion du premier , où il s'agissait de consacrer l'élection directe du député par l'électeur et d'établir l'organisation des colléges électoraux , M. de Serre prononça le discours dans lequel il exposait ses vues sur les moyens de constituer un esprit public en tenant compte, dans la composition de ces colléges , de la diversité propre des intérêts suivant les conditions de la population. Il y laissa éclater quelques éclairs qui montrèrent de haut ces principes, et jetèrent un grand jour sur l'état des choses et sur la manière dont il convenait de les leur appliquer pour les conduire. Il n'accepte pas en aveugle, mais il ne répudie pas non plus sans examen l'héritage du régime auquel a succédé la Restauration : « Je ne veux point, dit-il, décrier tous les moyens de ce gouvernement pour ôter au nôtre la force dont il a besoin. Il ne faut pas rejeter dans le naufrage une planche salutaire. Mais un gouvernement libre veut des ressorts de liberté, et je demande si l'état actuel de la France les comporte. Et, par exemple, iriez-vous, en ce moment, accorder à la presse une liberté illimitée et, en donnant aux journaux une indépendance absolue, déchaîner les vents irrités sur une multitude orageuse [1] ? » Il fut écouté, et quelques jours après le vote de la loi électorale, la Chambre votait une autre loi qui assurait à l'administration une action puissante sur la presse quotidienne, en établissant que, jusqu'au 1er janvier 1818, les journaux et écrits périodiques ne pourraient paraître qu'avec l'autorisation du Roi.

M. de Serre fut rapporteur du projet de loi relatif à la liberté individuelle : on le remarque, il ne s'agit plus ici de sûreté générale ; ce qui fixe la pensée, ce n'est pas exclusivement l'intérêt qu'il s'agit de protéger, mais surtout la liberté à laquelle on demande un sacrifice pour assurer cette protection. Le texte répond au titre : l'exception est considérable, mais les garanties ne sont pas moindres ; l'arbitraire sans contrôle a cessé ; le citoyen n'est plus à la discrétion

[1] Discours à la Chambre des Députés, le 27 décembre 1816.

d'un simple fonctionnaire ; on ne pourra l'arrêter et le retenir que sur l'ordre du président du conseil des ministres et du ministre de la police , qui répondront de la mesure qu'ils auront prescrite.

Le langage de M. de Serre, fut, dans cette circonstance , à la hauteur de la question ; c'est bien celui que doit tenir un homme d'État ; l'orateur trace d'abord un tableau saisissant de la situation des esprits dans un pays si longtemps labouré par les révolutions et aux prises avec le double fléau de la stagnation des affaires et de la disette. Ce tableau, semé de grandes images et animé des plus chaudes couleurs, est plein de force et de mouvement. Les faits présentés avec netteté et appréciés sans passion, M. de Serre passe ensuite à l'exposé des principes et à la justification de la me_ sure réclamée par le Gouvernement. Le tissu de son argumentation , serré et nerveux , prend l'ampleur philosophique, tout en conservant la clarté que réclame une discussion publique ; le style en est sobre, mais ferme ; tout y respire la raison et le sentiment. Une mauvaise honte ne retient pas sur les lèvres de l'orateur ces mots de vertu , de patrie , de nation et de liberté que l'abus des premiers temps et le sardonique dédain des derniers ont frappés de discrédit ou condamnés à l'oubli , et l'on est encore plus ému qu'étonné de les entendre, après un si long silence, retentir dans nos assemblées politiques comme aux beaux jours de quatre-vingt-neuf. Le regard a pénétré au fond des choses, les yeux ont vu juste ; la bouche parle avec sincérité, et l'on sent le cœur sous les paroles.

Le résumé de la discussion complète le rapport et achève le tableau, en y ajoutant peut-être ses traits les plus vigoureux. « Si on faisait une enquête solennelle, on verrait le résultat de ce mouvement extraordinaire (l'ébranlement communiqué au monde par la Révolution française) qui a arraché les sociétés politiques hors des gonds antiques sur lesquels des siècles nombreux les avaient vues se mouvoir...... Si ce mouvement n'a pas encore cessé, s'il agit sourdement en tous lieux, s'il inquiète les bords de la Tamise, s'il livre le nouveau monde à de sanglantes agitations, on espère qu'ici, parmi nous, le volcan a épuisé ses feux ! » Mais l'illusion est vaine ; comme l'orateur le disait, il y a quelques jours ', en employant presque la même image : « On vit, on respire sans s'en apercevoir, dans un air corrompu ; les habitants du Vésuve et de l'Etna habitent le sol qui va peut-être demain les engloutir. » Puis, s'adressant directement à la Chambre, il lui dit en terminant : « La France ne s'y méprendra pas ; elle jugera sa position et vos motifs ; elle dira que la mesure était utile et que vous l'avez votée dans son intérêt ; elle n'y verra ni une servilité coupable, ni un pacte honteux ; elle saura que si le péril venait, un jour, des ministres par l'abus qu'ils feraient de la loi, les mêmes hommes qui souvent ici ont, au mépris de leurs intérêts ou de leurs affections personnels, défendu les intérêts du pays, attaqueraient, avec le même

' Discours à la Chambre des Députés, le 27 décembre 1816.

courage et la même indépendance, des ministres coupables, et sauraient alors trouver les lois de la responsabilité et les routes de l'accusation [1]. »

Les lois que présentait le ministère passaient à une grande majorité ; mais elles le devaient à l'appui que leur prêtait le parti libéral modéré, et à l'influence qu'exerçaient sur ce parti les orateurs éminents qu'il regardait comme ses chefs : il devenait nécessaire d'en appeler quelques-uns au partage du pouvoir : M. Pasquier remplaça donc M. Dambray au ministère de la justice, et M. de Serre, toujours mis par la Chambre en tête de ses candidats à la présidence, fut appelé par le Roi à la présider en remplacement de M. Pasquier.

La session de 1816 fut close le 26 mars 1817. Le Roi, voulant rendre plus sûre et plus féconde l'alliance du cabinet avec le parti qui lui donnait la majorité, appela le maréchal Gouvion Saint-Cyr au ministère de la guerre et M. Molé à celui de la marine ; enfin le Conseil d'État s'ouvrit pour des hommes qui étaient en pleine communauté d'opinions avec les ministres, et dans lesquels le pays honorait également le caractère et le talent.

La session de 1817 s'ouvrit le 5 novembre de cette année ; les qualités éminentes dont M. de Serre avait fait preuve dans le cours de la précédente lui avaient donné un ascendant considérable sur la Chambre des

---

[1] M. de SERRE, *Résumé de la discussion de la loi sur la liberté individuelle.* (Séance de la Chambre des Députés du 16 janvier 1817.)

Députés ; cette heureuse circonstance concourut, avec les raisons politiques tirées des conditions d'existence du ministère, pour le maintenir en tête de la liste de candidature de cette Chambre avec un chiffre de voix notablement accru ; il était de 123 voix sur 190 votants. M. de Serre, voulant faire profiter l'assemblée du crédit qu'elle lui accordait en même temps que de l'expérience qu'il avait acquise, soit en prenant activement part aux discussions, soit en la présidant, déposa et développa, à l'ouverture de cette session, une proposition relative à la réforme de son règlement. Cette proposition, qui devait porter remède aux imperfections que l'expérience avait fait remarquer dans les procédés d'élaboration parlementaire pratiqués jusqu'à ce jour, et qui avait été à peu près convenue avec quelques-uns des membres les plus influents de la majorité, n'aboutit point, cependant, à la réforme que chacun paraissait désirer ; néanmoins, elle est un trait qui montre dans le caractère et dans l'esprit de M. de Serre une de ses plus heureuses dispositions, le besoin d'ordre et de méthode, l'aptitude à présenter les choses sous leur véritable jour, en y amenant graduellement la lumière.

Trois projets de lois, indépendamment du budget, occupèrent la Chambre pendant la plus grande partie de cette session : un projet de loi sur la répression des délits commis par la voie de la presse, un projet de loi sur le recrutement de l'armée, un projet de loi approuvant le nouveau concordat conclu avec le Saint-Père. La question capitale du premier, c'était le règlement de la compétence en matière de délits de presse ou la détermination des tribunaux qui devaient en connaître : le ministère, faisant de ces délits spéciaux des délits communs et maintenant pour eux les règles ordinaires de la compétence, avait distingué entre les crimes et les délits ; il avait, en conséquence, proposé de déférer la connaissance de ces derniers aux tribunaux correctionnels, et renvoyé les jugements des premiers seuls aux cours d'assises ; les députés, MM. Royer-Collard et Camille Jordan en tête, qui professaient, dans toute la pureté rigoureuse de leurs principes, les doctrines du gouvernement constitutionnel, repoussaient cette distinction et soutenaient qu'il était de l'essence de ces doctrines que des faits pareils, dont il appartenait nécessairement au législateur de déterminer le caractère propre, fussent soumis à l'appréciation du jury ; mais la majorité en pensa autrement et donna raison au ministère, en adoptant son projet de loi : la Chambre des Pairs se rangea à l'opinion contraire et le rejeta. La discussion, quoique les partis y eussent apporté beaucoup de chaleur, avait, néanmoins, été si digne et si mesurée dans les deux chambres, que ce résultat se produisit sans rien ébranler, si ce n'est peut-être quelques convictions, qu'elles enhardirent et préparèrent à se modifier, en s'éclairant des lumières qu'apporteraient une discussion nouvelle et le temps.

La question du recrutement était peut-être un terrain plus brûlant encore ; l'ancien régime et le nouveau allaient s'y rencontrer pour essayer d'y ressaisir le

privilége ou s'efforcer d'y maintenir l'égalité : si la
Restauration y avouait ses complaisances pour les
jeunes gentilshommes qu'elle avait introduits à peu
près sans conditions dans la maison militaire du Roi
et jusque dans l'armée, ou pour ceux à qui elle voudrait plus tard en ouvrir l'accès de la même façon,
si même elle osait montrer peu de goût pour le recrutement par les épreuves du concours ou par les
services dans les bas grades, elle courait risque d'in-
disposer tout à la fois l'armée, qui se faisait gloire
de cette double origine, et la nation, dont le sang
coulait dans ses veines; d'un autre côté, si le parti
libéral, dédaignant les ménagements, apportait une
ardeur par trop agressive à la défense de droits qui
étaient ceux de la justice et de l'égalité elles-mêmes,
que toutes les conditions de la société française avaient
conquis au prix du sang de plusieurs générations versé
sur tous les champs de bataille de l'Europe, et qu'elles
en avaient rapportées comme les plus précieux tro-
phées des victoires de la commune patrie, elle pouvait éveiller, au préjudice de la liberté qui commençait
à reprendre le dessus, les appréhensions de cette
portion modérée et nombreuse du parti royaliste dont
le concours ne lui était pas inutile : le maréchal
Gouvion Saint-Cyr trancha le débat par la loyauté de
son langage et la fermeté de son attitude; ce qu'il
voulait, c'était une armée organisée, non pas pour la
conquête, mais pour la défense du territoire et de la
liberté, par le maintien de l'indépendance au dehors
et de l'ordre au dedans : des cadres peu nombreux,

une durée de service limitée, la réserve leur prêtant la main pour entrer dans leurs combinaisons, des grades conquis par les épreuves ou les services et devenus une propriété ; enfin l'avancement réglé par des conditions qu'avouait l'équité ; tel était le système qu'il soutenait avec l'irrésistible ascendant d'une haute raison et d'une ardeur martiale, unies à une tactique habile ; le projet de loi passa, et l'armée dut à l'un de ses plus illustres chefs une loi qu'elle a, pendant plus de quinze années, regardée comme sa charte.

Le projet de loi sur le concordat nouveau franchit le seuil de la commission qui devait l'examiner, mais il n'alla pas plus loin ; sûr de le voir rejeter, le ministère obtint qu'on en ajournât le rapport et ouvrit de nouvelles négociations avec la cour de Rome.

Le vote du budget termina la session. On se le rappelle, sous l'empire de la Charte de 1814, la Chambre des Députés se renouvelait par cinquième ; cette année, on procéda au renouvellement du second cinquième de cette assemblée comme l'année précédente on avait procédé au renouvellement du premier. C'était une épreuve pour la loi libérale que la Chambre avait votée en prenant possession de son mandat ; cette loi y rendit moins à la droite qu'à la gauche. A chacune de ces élections, le parti royaliste avait perdu quelques membres ; le centre gauche ne les avait pas tous gagnés, et quelques-uns des nouveaux élus, en allant à l'extrême gauche, y avaient apporté des noms qui avaient par eux-mêmes une grande signification, et le germe non équivoque d'un parti radical. La Chambre n'avait pas cessé d'être royaliste, mais elle était devenue plus libérale, et l'on pouvait déjà prévoir qu'un jour, elle le serait probablement encore davantage. Ces élections ne changeaient pas d'une façon considérable la situation du Parlement ; toutefois, elles étaient un signe du temps et elles prêtaient à réfléchir au parti royaliste.

M. de Richelieu et M. Lainé s'en préoccupèrent vivement ; le premier, homme d'une grande droiture et d'une égale modération de caractère, se sentait peu d'inclination pour le pouvoir, et le recherchait moins qu'il ne semblait se dévouer en l'exerçant[1] ; il venait de négocier avec un plein succès la libération complète du territoire et de délivrer le pays d'une charge qui pesait plus encore sur son honneur que sur son trésor : il croyait, à ce titre, avoir droit à la confiance du pays, et s'affligeait de lire dans l'état de l'opinion un sentiment contraire ; le second avait consenti à se mettre au service de la liberté, à laquelle il avait, du reste, voué, dans tous les temps, son culte le plus fervent, mais c'était avec la pensée que les royalistes qu'il y avait ralliés seraient, de ses serviteurs, ceux qui approcheraient en plus grand nombre de ses autels, et il s'inquiétait de voir les libéraux y prendre leur place et envahir le sanctuaire. Ils se demandaient donc

---

[1] En lui, l'honnête homme soutenait et agrandissait l'homme d'État.... Son âme, naturellement haute et modérée, était étrangère aux passions communes, et n'admettait que la justice et le devoir (M. VILLEMAIN, *Réponse au discours de réception de M. Dacier à l'Académie française.*)

tous deux si la loi, qui portait dans son sein les destinées de la France, se maintiendrait ferme dans la
voie de la Charte, ou si elle ne verserait pas plutôt
vers la Révolution. Ils s'ouvrirent de leurs craintes
au Conseil ; elles le partagèrent ; on y parla de modifier la loi des élections ; mais elle y trouva de chauds
défenseurs ; à la fin on s'apaisa et, peut-être par la
crainte de ne pas s'entendre, on convint d'attendre
la prochaine session, d'ici là de voir, d'observer, de
s'enquérir, enfin d'interroger l'opinion et de s'aider
de ses conseils ou de ses révélations pour se résoudre.

Cette session s'ouvrit le 10 novembre 1818 ; le discours du trône, habilement rédigé, laissa à peu près
les choses entières : mais, au scrutin pour l'élection des
candidats à la présidence, M. Ravez, ami de M. Lainé,
obtint quelques voix de plus que M. de Serre [1].
M. de Richelieu, sans consulter ses collègues, décida le
Roi à lui donner la préférence sur l'homme qui avait
fait son avénement à la présidence presque en même
temps que la Chambre le sien aux affaires, et qui
s'était acquis sur elle un crédit que personne ne pouvait guère contester ; on s'en émut ; la Chambre, sans
rien laisser percer de son mécontentement dans son
adresse en réponse au discours du trône, n'y dissimula
pas, néanmoins, la foi qu'elle avait dans la loi des
élections et ses dispositions à la maintenir. La Chambre
des Pairs eut bien aussi sa démonstration dans l'élection

[1] Sur 179 votants, la majorité étant de 90, M. Ravez eut 97 voix,
et M. de Serre 93.

de ses secrétaires, qu'elle prit parmi ceux de ses
membres qui composaient, dans son sein, le parti
ultra-royaliste ; mais cette attitude des deux assemblées ne faisait que rendre la situation plus difficile
et plus périlleuse. M. de Richelieu, cédant à ses
exigences en même temps qu'à son dégoût du pouvoir,
donna au Roi sa démission ; ses collègues l'imitèrent
chacun de son côté. Le ministère était donc en pleine
dissolution, et, pour la première fois, la France
connaissait cette maladie singulière, qui paraît être
le propre des nations soumises au régime représentatif,
qui n'éprouve, sans préjudice pour leur tranquillité,
que celles que la Providence a douées d'une robuste
constitution, et dans les crises de laquelle les assemblées enfantent une administration. Il sortit du travail
un cabinet qui représentait assez exactement, dans
ce qu'il avait de plus ferme et de plus vigoureux,
le tempérament de la Chambre, et dont les opinions
paraissaient être la pure émanation de son esprit :
il était composé de M. le marquis Dessoles, ministre
des affaires étrangères, M. le comte Decazes, ministre
de l'intérieur, M. de Serre, garde des sceaux, ministre de la justice, M. le maréchal Gouvion Saint-
Cyr, ministre de la guerre, M. le baron Louis, ministre
des finances, et M. le baron Portal, ministre de la
marine. Ce ministère, qui fut la gloire du gouvernement représentatif et de la Restauration, était
homogène, plein de patriotisme et de lumières ; il
comptait autant de capacités éminentes que de membres ; chacun y était dans sa spécialité ; le maréchal

Gouvion restait à la tête de l'armée qu'il avait dotée d'une organisation si vigoureuse ; l'homme qui avait créé parmi nous le crédit public prenait la direction des finances ; le baron Portal allait reconstituer notre marine ; deux orateurs de talents inégaux, sans doute, quant aux qualités intrinsèques et à la mesure, mais merveilleusement propres à la discussion des affaires, étaient particulièrement chargés de le représenter devant les chambres : M. de Serre n'y serait pas le ministre dirigeant, mais prépondérant ; M. Decazes, en s'effaçant derrière le marquis Dessoles, n'y prendrait pas moins la direction véritable des affaires ; il traiterait à la tribune avec une merveilleuse dextérité de langage et une égale habileté de tactique tout ce qui se rapporterait aux actes de l'administration ; à M. de Serre reviendrait ce qu'on peut appeler les affaires, à quelque ordre de service qu'elles pussent se rapporter, les mesures à prendre dans le système de politique qu'on avait embrassé, et les questions à porter à la tribune par la présentation des projets de loi. Préparé sur toutes par l'étude approfondie de toutes les matières de gouvernement et du mécanisme de tous les services, il parlerait sur toutes choses en homme de toutes les professions, si sûrement et si nettement qu'après l'avoir entendu, chacun confesserait qu'en quoi que ce fût, il ne reconnaissait point de maître, et que personne ne pouvait dire ni si utilement ni si bien. Les ministres auraient, pour amis, et le cabinet, pour appuis, dans la Chambre des Députés les hommes qui, dans les rangs où la

modération s'était assise, y avaient le plus marqué
par l'éclat du talent, l'élévation des vues et la fermeté du caractère, et y avaient par cela même exercé
l'action la plus puissante sur les esprits. Si les doctrinaires formaient un parti, on peut dire qu'il était
au pouvoir, ou qu'il en était si près qu'il était des
premiers parmi ses soutiens. L'opinion, qui avait
commencé à s'inquiéter, se rassura, et la presse
libérale tout entière, s'inspirant du sentiment de la
nation, témoigna hautement de sa confiance et de sa
joie par la mesure même de son langage et par ses
applaudissements.

L'avénement du ministère était une promesse pour
le parti libéral et pour les amis du gouvernement
constitutionnel ; chacun des ministres se mit à l'œuvre,
de son côté, pour la tenir ; mais la Chambre des
Pairs prit les devants ; elle débuta par rejeter, presque
sans discussion, une loi de finances que venait de
voter la Chambre des Députés.

Depuis 1815, les chambres n'avaient pas encore
pu examiner un budget non ouvert, et les services
publics ne vivaient que de douzièmes provisoires ; des
procédés aussi précaires avaient le double inconvénient
de mettre obstacle à toutes les améliorations dans le
système de nos dépenses comme dans celui de nos
recettes, et de retenir l'élan du crédit en faisant douter
de la solvabilité d'une nation qui n'avait pas su ramener l'ordre et la régularité dans ses finances. Le
baron Louis, qui était la droiture et la probité mêmes,
et qui avait eu la gloire de maintenir intact l'honneur

de la France, en opposant une résistance aussi ferme qu'éclairée à toutes les mesures qui auraient pu sentir le manque de parole ou de loyauté et faire craindre la banqueroute, résolut de mettre un terme à un état de choses aussi préjudiciable aux intérêts véritables du crédit. Il présenta donc à la Chambre des Députés, avec l'assentiment du Conseil, un projet de loi qui avait pour objet, en reportant l'ouverture de l'année financière au 1er juillet, de rendre pour l'avenir la discussion du budget en même temps plus facile et plus utile, et de faire voter d'un seul coup, pour mettre dans le présent le contrôle des chambres et l'action du pouvoir au courant, le budget des six derniers mois de l'année en cours d'exercice et celui de l'année suivante tout entière, c'est-à-dire le budget d'une durée de dix-huit mois à partir du 1er janvier 1819. Le vote en bloc d'un budget d'une année et demie paraissait contraire à la lettre de la Charte ; d'avance, le ministre répondait à l'objection :

« Que la concession de douzièmes faite sans discussion, sans examen, n'est qu'une obéissance passive à la nécessité quand elle ne devait être que le résultat d'une connaissance réfléchie des besoins de l'État[1], » et que le vote qu'il demandait aux chambres n'était qu'un mal léger auquel il fallait se résigner pour guérir la France d'un plus grand. La droite fut sourde à un langage aussi loyal et aussi sage ; ses orateurs les plus accrédités reprochèrent au Cabinet

---

[1] Discours de présentation à la Chambre des Pairs le 18 mars 1819.

de fouler aux pieds le texte formel de la Charte qui, en consacrant le vote annuel du budget, interdisait d'en voter plus d'un à la fois ; de favoriser, au moins imprudemment, l'agiotage par ses mesures financières ; de semer la division dans la garde et dans l'armée par les conditions auxquelles il avait fait soumettre leur recrutement ; de tendre au pouvoir absolu, en s'assurant par un vote pareil les moyens de se passer pendant un temps si long du concours des chambres, et de méditer peut-être de s'appuyer, un jour, des baïonnettes pour s'installer sur les ruines du Parlement.

Le reproche était dur pour des ministres qui protestaient de leur amour de l'ordre et de la légalité ; qui professaient un respect religieux pour la Charte et qui avaient pris, pour programme, la pleine et sincère mise en pratique du gouvernement constitutionnel : ce n'était pas sans s'indigner qu'ils s'entendaient accuser de fouler aux pieds le pacte fondamental, et qu'ils voyaient ceux qui s'en étaient montrés jusque-là les plus irréconciliables adversaires, pour ne pas dire les ennemis, en prendre avec tant d'éclat la défense. Ce fut M. de Serre qui se chargea de répondre à ces attaques si passionnées et si inattendues. Il le fit avec un succès qui répondit à la gravité de la situation : la première partie de son discours est consacrée à faire ressortir les avantages de la mesure proposée et à en établir la nécessité : pour atteindre ce but, il n'a recours à d'autres moyens qu'à l'exposé net et méthodique des faits et des raisons ; ensuite, s'échauffant petit à petit, il passe à la réfutation des objections de ses adversaires ; il les prend les unes après les autres, les examine, les pèse, et leur enlevant les apparences sous lesquelles elles se cachent, il en montre le vide et les réduit au néant ; puis enfin laissant, tout en la contenant par la mesure, un libre cours à l'indignation d'un cœur où bouillonne le patriotisme et que révolte l'injustice, il déchire ces voiles sous lesquels le formalisme parlementaire dissimule les aveugles et amères rancunes de l'esprit de parti, et il demande, avec une fermeté de langage et une élévation de sentiments qui feraient honneur aux plus grands orateurs de tous les temps et de tous les pays, compte aux ennemis du ministère des outrages qu'ils ont fait si longtemps endurer à la liberté, et de cette passion soudaine dont ils se sont pris tout à coup pour elle :

« Croyez-le, Messieurs, croyez-le ; c'est à des signes certains que l'on reconnaît les vrais amis de la Charte, les hommes vraiment constitutionnels. On ne les voit point, pharisiens nouveaux, se contenter d'un culte purement extérieur, et la Charte sur les lèvres, élever des scrupules et de subtiles querelles sur des syllabes, des points et des virgules, tandis qu'au gré de leurs passions ou de leurs intérêts, ils violent sans pudeur les préceptes les plus essentiels de la loi. Aimer et pratiquer la Charte, c'est protéger, c'est défendre les droits, les intérêts, les libertés publiques que la Charte a reconnus et garantis. C'est combattre tous ceux qui voudraient les inquiéter, les menacer ou les flétrir.

Aimer la Charte, c'est chercher, non dans de vains simulacres, mais dans la franchise et la réalité de ses institutions, la pleine sécurité de nos intérêts, de nos droits et de nos libertés. Aimons ainsi la Charte, Messieurs, fondons sur elle ce trône dont elle est descendue ; que la France entière, à notre exemple, se pénètre de son esprit, et nous ne craindrons ni ces soldats impies, ni ces insolentes paroles dont on nous a tantôt menacés.

» Il me reste à remplir un pénible devoir, celui de repousser en mon nom et en celui de mes collègues, d'injurieuses imputations. On a dit que le ministère semait la division dans la garde, dans l'armée, qu'il favorisait l'agiotage, qu'il cherchait à porter le trouble dans la nation pour arriver par là au pouvoir absolu. En mon nom et en celui de mes collègues, je déclare ces allégations fausses et calomnieuses. Non, et vous le savez bien, le Gouvernement ne sème la division nulle part, ni dans la garde, ni dans l'armée ; mais il maintient, il maintiendra, dans l'une comme dans l'autre, le respect des lois, la sévérité de la discipline militaire, et l'obéissance silencieuse aux ordres du Roi.

» Non, et vous le savez encore, le ministère ne favorise pas l'agiotage, mais il oserait peut-être penser que lorsqu'on a vu, après bien des craintes, dans quelles mains venait se reposer le pouvoir, la confiance publique s'est ranimée. Voilà les seuls artifices dont il s'est servi pour rappeler le crédit public. Vous le savez aussi, le ministère ne cherche point à troubler la nation. Vous ne pouvez lui imputer tous ces actes arbitraires, ces atteintes à la liberté individuelle, ou à d'autres libertés ; atteintes dont vous réveillez avec tant d'imprudence le souvenir. Sa première sollicitude, l'objet de toutes ses pensées, c'est de réparer promptement les maux causés par une trop funeste influence.... (vif mouvement d'approbation dans l'assemblée) ; maux trop souvent irréparables ! Voilà les difficultés contre lesquelles il lui faut lutter, les obstacles qu'il lui faut vaincre. Je ne crains pas de le dire : personne ne redoute plus que lui les attentats à la liberté publique [1]. »

Le discours de M. de Serre sur l'année financière ne pâlit pas devant celui de Mirabeau sur la contribution du quart ; il ne perd rien lui-même à être comparé à l'orateur que l'admiration des contemporains et de la postérité nous montre comme le maître et le dominateur de la tribune française. Les hommes ne se ressemblent pas, peut-être, mais les situations ont de l'analogie, et, prononcées dans des assemblées différentes, les deux harangues poursuivent le même but, conjurer la banqueroute et raffermir le crédit. La voix puissante qui a fait entendre ces brûlantes exhortations, où sont préconisés le mérite et l'opportunité des plans financiers de M. Necker, couvrirait cette voix d'un timbre si délicat qui réclamait pour les procédés financiers de M. le baron Louis l'assen-

---

[1] Discours de M. de Serre à la Chambre des Députés, le 15 février 1819.

timent de la Chambre des Députés ; ce ne sont pas
les échos turbulents du Jeu-de-Paume qui nous ont
rendu les graves accents de celui-ci ; mais, en les
répétant, les voûtes moins vastes du Palais-Bourbon
n'ont pas éveillé des sentiments moins généreux dans
les cœurs où ils ont fait vibrer le patriotisme ; il y a
sans doute plus de véhémence et de passion, mais non
plus de noblesse et de force dans le discours de Mirabeau que dans celui de M. de Serre ; si l'un est d'un
tribun, l'autre est d'un consul. Mirabeau, loin de la
contenir, s'abandonne à toute sa fougue, mais même
dans ses élans les plus vifs, M. de Serre sait encore se
contenir ; il n'oublie point qui il est ni à quel auditoire
il s'adresse ; il n'est point un Gracque qui harangue
le peuple pour allumer ses passions et les déchaîner
contre les patriciens, mais plutôt un Scipion qui parle
aux pères conscrits pour les éclairer sur les dangers
dont la chose publique est menacée, et les conjurer
de pourvoir au salut de l'État. Supposez-vous à Rome,
vous auriez entendu le premier au Forum et l'autre
au Sénat ; mais soyez-en sûrs, en voyant comme ils
ont agi sur les auditoires qui les ont écoutés, vous
ne trouverez point l'homme d'état de 1819 inférieur
au tribun de quatre-vingt-neuf, et, pour vous dispenser
de faire nettement entre eux votre choix, vous vous
direz, comme l'orateur romain : « Pour moi, malgré le
grand éloge que je viens de faire d'Antoine et malgré ce
que je suis encore disposé à y ajouter, je pense qu'il ne
peut avoir existé rien de plus parfait que Crassus [1]. »

[1] CICÉRON, *Dialogues des Orateurs illustres,* ch. XXXVIII.

Le projet de loi passa à une grande majorité à la Chambre des Députés ; une majorité pareille le rejeta à la Chambre des Pairs, sur un rapport de M. le duc de Lévis, où les scrupules du dogme constitutionnel servent de texte à l'opposition systématique, et après une discussion qui fut close dès la première séance.

La Chambre des Pairs n'était pas hostile à la liberté, mais les résultats de la loi des élections l'avaient émue comme le ministère qui venait de se retirer ; dans ses craintes pour l'avenir, elle avait fait un retour sur elle-même, et, sur la proposition de M. le marquis de Barthélemy, elle avait voté une adresse au Roi pour demander des modifications à la loi des élections ; elle marquait ainsi, par une scission profonde entre les deux Chambres, l'entrée du cabinet dans ce champ où allaient peut-être se décider, dans la lutte des partis, les destinées de la Restauration.

Le ministère n'en fut pas intimidé et, résolu à rester maître du terrain, répondit à l'agression par une promotion de soixante pairs ; la mesure était hardie, mais elle ne sortait pas de la ligne des procédés autorisés par la constitution, et elle obtint l'assentiment de l'opinion.

La résolution de la Chambre des Pairs fut, comme le voulait la Charte, apportée à la Chambre des Députés et discutée en comité secret ; la droite, ne brûlant point, pour la loi qui avait si libéralement organisé les principales garanties consacrées par la Charte, du zèle dont elle s'était tout à coup éprise pour la Charte elle-même, soutint avec un vif empressement la proposition : M. Royer-Collard monta un des premiers à la tribune pour la combattre. Dès le début de son discours il pose la question : « La proposition de la Chambre des Pairs menace à la fois toutes les transactions et toutes les libertés, parce que la Charte a passé tout entière dans la loi des élections ; » il vient donc défendre celle-ci pour assurer le maintien de celle-là : la loi des élections constitue le gouvernement représentatif par l'élection directe, et l'élection directe attribue l'influence prépondérante à la classe moyenne ; il défendra l'une et l'autre pour maintenir le Gouvernement dans la voie que la justice et la raison, et non une préférence arbitraire, lui ont ouverte. « L'influence de la classe moyenne est un fait, dit-il, un fait puissant et redoutable ; c'est une théorie vivante, organisée, capable de repousser les coups de ses adversaires. Les siècles l'ont préparée, la révolution l'a déclarée. C'est à cette classe que les intérêts nouveaux appartiennent. Sa sécurité ne peut être troublée sans un imminent danger pour l'ordre établi. Or, la sécurité est troublée, si son influence est compromise, si la loi des élections est menacée. La résolution de la Chambre des Pairs attaque la loi des élections ; donc elle est dangereuse ; et elle doit être rejetée à ce titre. » M. Lainé répondit à M. Royer-Collard ; il le fit avec mesure et habileté, protestant pour la Charte et pour la liberté d'un amour et d'un respect qu'il ne pouvait venir à l'esprit de personne de suspecter, maintenant les principes de l'élection directe et du droit électoral attaché au cens de trois cents francs, soutenant par le sentiment une argumentation méthodique et pressante, non sans mêler, par moments, une teinte d'amertume à l'austère couleur d'un style auquel ne manquaient, néanmoins, ni le mouvement ni les images.

M. de Serre prit la parole immédiatement après lui : c'était le moment décisif ; la sincérité et la modération même de M. Lainé avaient fait sa force ; il avait dit, pour appuyer la résolution, tout ce qui était de nature à agir sur les différentes parties de l'assemblée, et il l'avait dit de la façon la plus propre à seconder son action dans un pareil milieu. Le discours que M. de Serre prononça dans cette circonstance est peut-être le plus beau de ceux qui sont sortis de sa bouche ; il me semble qu'il faudrait aller loin dans les annales de nos parlements pour en trouver un qui lui fût supérieur ou qui pût lui être comparé. L'homme d'État y voit l'acte d'une habileté consommée, le patriote l'heureuse inspiration de la vertu politique, le critique et l'homme de goût une œuvre d'une perfection qui ne laisse plus, quand on l'a lue, rien à désirer. Tout y est, précautions oratoires, distribution méthodique de la matière, dialectique serrée, intelligent agencement des parties, couleurs, images, pensées fortes, sentiments généreux, tableaux pleins de mouvement et de vie, chaleur toujours croissante, mais toujours contenue, et qui, au lieu d'éclater en apostrophes, qui blesseraient les hommes et les partis, se répand en plaintes et en supplications, qui les remuent et les font réfléchir ; tout y est,

jusqu'aux artifices du style, qu'une bouche expéri-
mentée sait employer à propos, et ces mots pleins
de sens et d'effet, qui jaillissent comme des éclairs
du courant de l'inspiration.

Dès les premières paroles, par un exorde d'un ton
simple et modéré, il se concilie l'attention sinon la
bienveillance de toute la Chambre ; puis il la frappe
par le tableau de l'inquiétude et de l'agitation que les
attaques, dont la loi des élections a été l'objet, et la
résolution de la Chambre haute ont éveillées dans le
pays. Il examine ensuite les critiques qu'un parti hostile aux libertés publiques a dirigées contre cette loi ;
il pèse les modifications qu'on veut y introduire pour
en corriger les défauts ; reprenant enfin, pour le présenter sous une autre forme, le thème qu'a développé
M. Royer-Collard, il montre que ce qu'on blâme dans
cette loi, c'est ce qui en fait la valeur, et que ce qu'on
veut y introduire serait ce qui en détruirait la vertu.
Mais il faut entendre l'orateur lui-même pour bien
le comprendre et se faire une idée de l'action qu'il
doit exercer sur son auditoire : « En me hasardant,
dit-il, à remplacer, subitement et sans préparation, à
cette tribune l'orateur qui la quitte, je dois réclamer
de la Chambre une indulgence plus qu'accoutumée ;
mes pensées se présenteront avec moins d'ordre, l'expression avec moins de mesure ; mais la franchise
de mon opinion n'en sera que mieux marquée dans
l'ensemble d'une discussion sans apprêt.

» Je ne prétends pas approfondir toutes les questions engagées dans cette délibération importante :

d'autres l'ont fait avant moi, et le devoir qui m'est imposé est surtout de justifier la conduite du ministère dans cette grande circonstance.

» Vous vous le rappelez, Messieurs, à la fin de l'automne dernier, la France délivrée s'abandonnait à l'espoir de jouir de la paix, du repos, de ses institutions, de leur perfectionnement, enfin du fruit de ses souffrances et de sa résignation. Tout à coup une crise inattendue se manifesta : tout le royaume en fut ému, le Gouvernement lui-même en fut ébranlé ; l'Europe étonnée se demandait si nous allions périr au port, si nous allions rouvrir aux peuples effrayés la carrière de révolutions nouvelles. Chacun cherchait la cause secrète d'un trouble aussi imprévu : on apprit bientôt qu'une institution fondamentale, la loi des élections et avec elle nos destinées futures étaient mises en question. Dans cette anxiété générale, la Chambre qui m'écoute se montra ferme et inébranlable : elle rappela avec dignité les principes constitutionnels qui seuls pouvaient nous sauver. C'est de ces jours d'anxiété qu'est sorti le ministère actuel. Son origine lui dictait sa marche et ses devoirs ; il était né, le Roi l'avait nommé pour la défense de nos lois constitutionnelles.

» Cependant, ne croyant pas que de longtemps au moins elles pussent être menacées de nouveau, le ministère s'occupait uniquement de préparer les travaux législatifs qu'attendaient les chambres, de faire les améliorations administratives que sollicitaient les départements, lorsque, au milieu de cette sécurité partagée avec lui par la nation, parut subitement la proposition qui nous occupe en ce moment Avec elle aussitôt se remontrèrent les symptômes de la même crise, l'agitation, le discrédit, les craintes, et surtout les espérances qui, en décembre dernier, avaient produit un effroi si universel. Cette proposition , plus confiante alors dans le succès, trouvait dans la Chambre haute et au dehors, des amis, des apologistes moins prudents ou plus sincères qu'elle n'en trouve aujourd'hui dans celle-ci. On refusait de préciser la proposition d'aucun changement spécial, l'on insistait sur la nécessité d'attaquer la loi tout entière ; on ne la respectait, on ne l'épargnait ni dans son principe, ni dans aucune de ses dispositions. Sans doute la parole est libre dans l'une et l'autre chambre, et nous devons éviter un échange amer de censures réciproques ; mais il nous est du moins permis de voir, d'ouïr et de comprendre ; les hommes habituellement les plus circonspects et les plus mesurés déclaraient hautement que ce n'était point à des colléges, réunis seulement une fois toutes les cinq années, qu'il fallait confier la garde de nos droits et la stabilité de l'État ; que c'était à l'esprit de corps uniquement que ces garanties pouvaient être demandées ; que c'était au sol, à la grande propriété, qu'il fallait exclusivement attribuer l'influence et le pouvoir. Ayons donc la sincérité de rendre à cette proposition son véritable caractère. Elle ne se présentait point, comme on vient de la peindre, timide et modeste, humble et suppliante, effrayée elle-même du tumulte et du bruit qu'elle a causés ; elle était menaçante et subversive, telle enfin que, dès le premier instant, les ministres du Roi l'ont signalée, telle qu'ils l'ont combattue. ' »

Il juge ensuite la loi par les résultats qui en sont sortis ; il faut qu'il rende grâce à la politique qui l'a fait voter : elle témoigne également de la confiance du Roi dans la nation, et de celle de la nation qui a répondu à ces généreuses avances en allant, dans les sentiments de l'amour et de la reconnaissance, au souverain qui venait loyalement planter son étendard dans ses rangs ; elle a produit, par son action sur les renouvellements partiels, ce qu'on attendait d'elle, une Chambre résolue à entrer dans la Charte pour ne pas en sortir, à travailler à la réconciliation des partis en la préparant par celle des hommes, et à procurer à tous les intérêts légitimes une efficace protection, en leur assurant des représentants dans la Chambre des Députés. Écoutez encore l'orateur :

« Je ne veux blesser personne, mais on sait sous quels auspices affligeants, sous quelles causes d'irritations générales et locales se sont faites les deux dernières élections. Un pays tout remué encore par des révolutions récentes, foulé par l'étranger, accablé de tributs, aux prises avec la famine, aux prises avec d'autres fléaux que je ne veux pas rappeler, mais dont chacun de vous a dans son département ressenti

' Discours de M. de Serre à la Chambre des Députés, le 23 mars 1819.

les tristes effets ; tant de maux à la fois sans doute ne se reproduiront plus.

» Et cependant, Messieurs, sous le poids de ces maux plus des deux cinquièmes de cette Chambre ont été renouvelés. Trois autres semblables cinquièmes y entrent encore ; je le dis avec pleine conviction, loin d'en rien craindre, la monarchie légitime, la monarchie constitutionnelle doit tout en espérer.

» Laissons donc, laissons les institutions marcher et vivre, et n'ayons qu'une crainte, c'est d'en troubler, d'en arrêter le mouvement régulier.

» On reproche aux ministres du Roi d'être indifférents aux pressants dangers de la monarchie. Non, Messieurs ; mais c'est ailleurs que les ministres ont vu le danger. Ils ont vu le danger de céder à l'attaque d'un parti, le danger de saisir une occasion imprudemment offerte, le danger de porter une main téméraire sur une loi fondamentale, à laquelle la nation s'est fortement attachée comme au rempart le plus sûr de ses droits et de ses libertés, comme à l'infaillible garantie que l'effet des promesses royales ne lui sera jamais ravi. Les ministres ont vu le danger d'altérer, de détruire peut-être cette confiance entre le monarque et ses peuples, première force de tous les gouvernements, besoin le plus impérieux d'une monarchie nouvellement restaurée. Le Roi, nous osons le nommer, le Roi et ses ministres ont pensé que la confiance appelle la confiance et la bonne foi la bonne foi ; ils ont pensé que c'était au milieu de la nation même qu'il fallait planter l'étendard royal, que là il triompherait des efforts des partis, que là, s'il en était besoin, des millions de bras se lèveraient pour sa défense [1]. »

Sûr maintenant du terrain sur lequel une argumentation victorieuse vient de l'établir, il ne craint pas d'aborder la question si délicate de la promotion récente de soixante Pairs. Son habileté ici sera sa franchise, son art la netteté et la mesure. Les deux chambres ne pensaient pas de la même façon sur la loi des élections, et sur la ligne politique que le Gouvernement devait suivre entre les partis pour administrer avec eux : il y avait, entre ces deux assemblées, une scission profonde, accusée par des actes et des scrutins, et constatée par des majorités entre lesquelles il n'était pas possible d'opérer une transaction ou un rapprochement ; le ministère a vu froidement l'attitude de la Chambre des Pairs ; il a mis la main sur le cœur du pays ; il a senti, à la chaleur et au mouvement dont il était rempli, que la Chambre qui sortirait d'un travail entrepris sous l'influence d'une pareille agitation, ne serait pas animée de sentiments moins généreux, mais peut-être plus vifs, que celle qu'il venait de produire dans ses enfantements annuels et réguliers. Le Roi a donc usé du moyen que la Charte mettait à sa disposition, pour épargner au pays le mal qu'une crise trop longtemps prolongée ne manquerait pas de lui faire éprouver, et il a ouvert à soixante Pairs les portes

[1] Discours à la Chambre des Députés, le 23 mars 1819,

de la chambre haute. Les nouveaux Pairs sont dignes des anciens ; ils sont l'essence même de ces générations qui se sont formées aux affaires, en les maniant, et qui ont pris leur trempe dans les épreuves par lesquelles elles viennent de passer ; ils mettront la Chambre héréditaire dans une heureuse et plus intime harmonie avec la France actuelle, en lui apportant un lustre conquis par de grands ou d'honorables services rendus au pays.

La discussion une fois allégée du poids d'un pareil incident, le ministre passe de la défense à l'agression et, tout en adoucissant, sous les formes d'un langage qui s'efforce de rester au-dessous des choses au lieu de les exagérer, la vivacité de ses accusations, il demande compte à la droite des violences auxquelles les excitations du parti qu'elle représente ont entraîné les masses aveugles dans quelques villes du Midi, sans que la justice la plus active ait pu en obtenir la répression. Et, quand il est sûr de l'effet que ses révélations ont produit, il lui demande si la France sera livrée ou non à la domination des partis ; il répond hardiment, pour elle, qu'elle la repousse, parce qu'elle ne pourrait en attendre que honte, oppression et calamités, et que la Chambre voudra, comme elle, se soustraire au dur joug des partis, en donnant au Gouvernement, par le maintien de la loi des élections, le moyen de les combattre tous.

Le résultat était prévu, la Chambre des députés refusa, à une majorité considérable, de s'associer à la manifestation de la Chambre des Pairs. En possession désormais d'une majorité ferme et décidée dans les deux Chambres du Parlement, le ministère rompit avec les hésitations et les expédients, et entra résolûment dans la voie du régime représentatif, en présentant divers projets de lois destinés à en organiser les principales garanties. Dès le 28 janvier, il avait déposé celui qui était relatif à la responsabilité des ministres. C'était maintenant le tour de la presse : M. de Serre avait formé une Commission pour étudier toutes les questions qui se rattachaient à son régime. La part que M. Royer-Collard avait prise à la discussion du projet de loi qui avait échoué l'année précédente devant la Chambre des Pairs, et la place que M. le duc de Broglie avait conquise par son talent et par son caractère dans cette Chambre, les désignaient, avant tous, pour faire partie de cette commission. A vrai dire, il n'y avait plus à chercher ni à s'enquérir sur ce grave sujet : les doctrinaires, qui étaient maintenant au pouvoir, en avaient fait depuis longtemps l'objet de leurs méditations ; tous les partis s'en étaient emparés pour le livrer à la controverse : aussi il n'était pas un publiciste qui, s'il n'avait pu s'en expliquer à l'une ou l'autre tribune, n'en eût cependant dit son mot, en prenant pour organe la presse quotidienne, ou en recourant à la voix plus magistrale et plus réfléchie du livre ou de la brochure. Tout donc, dans cette matière, était su et connu ; il ne restait plus qu'à combiner les idées qui avaient cours ainsi que les projets de lois qui les avaient formulées, et à en dégager une dernière rédaction qui répondît

aux engagements du ministère et à l'attente de l'opinion : ce fut l'œuvre de M. le duc de Broglie; elle entrait
merveilleusement dans les aptitudes de son esprit, qui
réunit la force à l'éclat, et que le besoin de méthode
et de clarté avait, de longue main, habitué à tout
assujettir aux formes rigoureuses de la déduction :
elle fut divisée en trois projets de lois, le premier,
relatif à la répression des délits de la presse, le second,
à leur poursuite, et le troisième, à la publication des
journaux; la matière y est si bien distribuée, les choses
y sont présentées avec tant de netteté, et l'ensemble
forme un tout si bien entendu et si bien ordonné que,
lorsqu'on en vint dans les deux chambres à discuter
le texte de ces projets de lois, la controverse ne porta
que sur les dispositions qui résumaient dans leurs
termes les principaux points du sujet. Heureuse et singulière fortune de ces lois conçues sous l'influence de
ces premières et généreuses illusions que l'avénement
du gouvernement représentatif avait éveillées dans
tous les esprits! Rédigées avec une sincérité qui ne
s'effrayait d'aucune hardiesse, lorsqu'il s'agissait de
consacrer une garantie; discutées et promulguées dans
un temps où les révolutions communiquent la mobilité des événements même aux lois qui sont destinées
à préserver l'ordre de leur action; acceptées, sur le sol
où elles se sont établies, par tous les gouvernements,
même par ceux à qui elles ont le moins profité, elles y ont
survécu à tous, elles y sont devenues le point de départ
de toutes les législations qui ont voulu depuis régler
les matières auxquelles elles ont touché, et les prin-

cipes qu'elles ont posés ont servi de base à toutes celles qui ont entrepris de les remplacer !

D'accord sur un premier point, c'est que la presse ne crée pas de nouvelles espèces de délits, mais peut seulement servir d'instrument aux délits prévus par la loi commune, on l'est sur la définition de ce que la loi nouvelle va appeler crimes et délits commis par la voie de la presse ; on l'est encore sur les trois ordres d'intérêts ou de personnes auxquels ces crimes et délits peuvent porter atteinte, la morale publique et religieuse, le respect dû aux personnes publiques, l'honneur ou la considération des individus, le Roi, les chambres et les citoyens, enfin les prérogatives ou les droits qu'ils tiennent de la Constitution ; on l'est même sur les garanties que la répression ou les exceptions devront assurer à ces divers ordres de personnes et d'intérêts ; il ne reste plus qu'à s'entendre sur la mesure et la forme suivant lesquelles quelques-unes de ces garanties seront accordées ; sur la nature et le caractère des immunités qui créeront, au profit de certaines positions, des priviléges nécessaires pour maintenir les droits de tous ; sur la compétence ou sur le choix de la juridiction à laquelle sera déférée la connaissance des crimes et délits de la presse ; enfin sur la nature et la forme des preuves qui devront les établir et des exceptions qu'on pourra leur opposer. Quatre de ces questions fixèrent à peu près exclusivement l'attention de la Chambre ; elles se rapportaient à la répression des délits qui consisteraient dans quelque atteinte à la morale publique ; aux privilgées des membres des deux chambres pour les discours tenus à la tribune ; à la compétence du jury pour le jugement des délits de la presse, et à la preuve des faits diffamatoires contre les fonctionnaires publics. M. Guizot fut chargé avec M. Cuvier, comme lui Conseiller d'État, de soutenir, en qualité de commissaire du Roi, la discussion de ces projets de loi devant les chambres ; il entrait ainsi dans la carrière entre M. de Serre et M. Royer-Collard, et y marchait sur leurs pas, en attendant le jour où, produit par les événements sur une autre scène, il y trouverait sa propre voie et s'y montrerait lui-même.

Jamais peut-être débat ne revêtit à un plus haut degré le caractère de l'élévation morale que celui qui s'engagea sur l'article 8 du projet de loi relatif, à la répression des crimes et délits commis par la voie de la presse. Le projet proposait de punir les outrages *à la morale publique ou aux bonnes mœurs ;* des députés proposaient, les uns de supprimer dans le texte les expressions *la morale publique,* pensant que *les bonnes mœurs* disaient tout, les autres d'y ajouter *à la religion,* soutenant que, si l'on n'y introduisait pas ces expressions, on pourrait impunément attaquer et livrer au mépris ce qui doit être, pour chacun, un objet de vénération et, à ce titre, placé au-dessus des atteintes d'une controverse hostile ou licencieuse. On s'entendait sur le fond des idées ; il ne venait à l'esprit de personne, ni d'interdire une controverse soutenue avec mesure et bonne foi entre les membres des diverses communions chrétiennes, sur les points ou les principes du dogme qui les divisent, ni de lâcher la bride à l'esprit de licence et d'irréligion ; mais on craignait l'abus qu'à certains moments, l'esprit de parti pourrait faire de certains textes ou des conclusions qu'il pourrait tirer du silence de la loi, et, quand les uns s'inquiétaient pour la liberté de conscience et rêvaient peut-être la persécution, les autres se préoccupaient des dangers que pouvait courir la religion, et la voyaient déjà livrée, sans défense, en pâture aux passions ennemies et à la dérision.

M. de Serre maintint contre M. Benjamin Constant l'intégrité du texte proposé, et soutint contre M. Lainé qu'il était dangereux d'y ajouter une clause spéciale relative à la religion ; il entreprit d'établir que, dans l'esprit et dans la lettre du projet, aussi bien que dans la pensée du Gouvernement et de la commission de la Chambre, il était impossible de séparer la religion de la morale, et développant alors la double thèse de la liberté de conscience et du respect de la pensée religieuse, il s'éleva jusqu'à la plus haute éloquence dans une improvisation qui saisit vivement la Chambre et qui l'y rendit l'arbitre suprême de la discussion. Ce n'est pas l'indignation qu'il laisse éclater dans ses discours sur l'année financière ou la réforme électorale proposée par la Chambre des Pairs, ni la passion qui animera ceux qu'il prononcera bientôt sur les questions de gouvernement portées à la tribune par les événements ; c'est la chaleur d'un noble et grand esprit en possession de la vérité et plein de sa propre conviction, abordant, au sein de cette atmosphère calme et sereine, que font régner autour de lui la trêve des partis qui l'écoutent et l'attention d'une assemblée sympathique, avec la clarté du philosophe et la vue nette de l'homme d'État, cette question qui a remué le dix-huitième siècle et que la Révolution française avait tranchée sans la résoudre, la parcourant d'une allure vive et ferme dans toutes ses parties, sans se laisser égarer dans ses détails, et s'efforçant d'en donner la solution avec la sagesse et la prévoyance d'un légis-lateur qui comprend les besoins du temps comme ceux de la société, et qui s'applique à concilier les droits de tous avec les droits de chacun. Il joint la vigueur de la dialectique à toutes les perfections du style, il appuie les données de la raison des ensei-gnements de l'histoire, et l'orateur habile est devenu tout à coup un grand écrivain. Il a achevé de se révéler en montrant des côtés nouveaux et plus grands, de son talent ; désormais, il aura beau être plus fécond et plus véhément, il s'égalera peut-être, mais il ne se surpassera point. Ici il faudrait tout citer pour le bien faire connaître ; mais l'im-possibilité de tout reproduire, dans un cadre limité, réduit à la nécessité de choisir : qu'on reste donc convaincu que ce qui est omis ne vaut pas moins que ce qui est rapporté, et qu'on remonte à la source pour tout y puiser, si l'on veut goûter pleinement les citations.

« L'amendement de **M.** de Solilhac, dit-il, tend à punir tout outrage fait à un culte, à une religion quelconque. A cet amendement se rattachent tous les autres qui n'en sont, pour ainsi dire, que les variantes ; le combattre, c'est les combattre tous.

» Nous savons, Messieurs, que la Charte accorde à chacun la même protection pour son culte ; mais elle assure en même temps une égale liberté à la religion de chacun.

» Or, qu'est-ce, dans le sens réel et positif, dans le sens où l'entendent les fidèles, qu'est-ce que la religion ? C'est à la fois ce qu'il y a de plus libre et de plus fort. Or, l'amendement proposé porte atteinte à la liberté de toute religion, et il en méconnaît toute la force. Sous ce dernier aspect, il me paraît téméraire et dangereux ; sous le premier, il est tyrannique et irréligieux.

» J'ai avancé que la religion, c'est-à-dire une religion positive, comme l'ont compris tous les peuples, et non cette religion générale, dont l'idée purement philosophique est entièrement moderne et n'a jamais été admise par les véritables croyants ; j'ai, dis-je, avancé que la religion, ainsi entendue, est ce qu'il y a de plus libre, parce qu'elle consiste dans une croyance positive, parce que sa base est la foi, une foi qui n'est pas une tradition humaine, mais une vérité absolue que le croyant a reçue de Dieu même. Elle est ce qu'il y a de plus libre, parce qu'elle est supérieure à toutes les lois que pourraient tenter de lui donner les hommes. La foi sincère n'est de sa nature ni silencieuse ni stérile ; elle enjoint au croyant de ne pas cacher la lumière sous le boisseau, de prêcher son Évangile sur les toits, dans les places et dans

les cités, de combattre l'erreur avec le même zèle
et la même chaleur qu'il doit propager la vérité.

» Or, quel sera l'effet de l'amendement? ce sera,
Messieurs, d'entraver, de menacer toute prédication,
et plus particulièrement la prédication de la religion
de l'État, parce que les dogmes de celle-ci sont plus
absolus, ses principes plus fixes, ses doctrines plus
inflexibles, le zèle de ses enfants plus vif et plus
invincible.

» Il est bien vrai qu'aujourd'hui les cultes différents
habitent les uns à côté des autres. Demandez, cherchez
la raison de cette paix, et vous la trouverez uniquement dans la liberté parfaite dont ils jouissent
tous. Leurs égards réciproques sont essentiellement
volontaires; ils tiennent à leur indépendance dans le
domaine religieux, au droit qu'a chaque croyant d'exprimer entièrement sa croyance, et de dire tout ce
qu'il pense des croyances étrangères. Du moment que
vous voudrez imposer des restrictions, montrer des
châtiments à celui que Dieu même a chargé d'an-
noncer sa foi, il bravera les uns et franchira les autres.
L'empêcherez-vous d'appeler les cultes étrangers, des
cultes adultères? de les traiter d'impies, de sacriléges?
d'attaquer les dogmes et les rites étrangers? de les
qualifier d'abominables erreurs ou d'infâmes profa-
nations? Voilà le langage que les ministres d'un culte,
que les simples fidèles ont, religieusement parlant,
le droit de tenir. Voilà, n'en doutez pas, si vous les
provoquez, le langage qu'ils tiendront; et il suffira
qu'un seul ait tenu ce langage, et qu'en vertu de

votre loi on ait essayé de l'en punir, pour que tous unanimement se croient obligés de répéter la même profession de foi. Vous les traînerez dans les cachots, vous les ruinerez par des amendes ; chargés de vos fers, et sur le fumier, où vous les aurez réduits, ils proféreront les mêmes paroles, ils prêcheront le même Évangile, et combattront avec la même force les mêmes erreurs. Et quels crimes avaient commis, dans les premiers âges de l'Église, ces chrétiens expirant par milliers dans les tortures ? Quels crimes, Messieurs ? ils avaient insulté aux croyances de Rome et de la Grèce, ils avaient outragé le culte de l'empire. Je le dis avec conviction, les peines qu'on vous propose sont plus douces ; mais entre la loi qu'on vous demande et les lois de Dioclétien, je ne vois, à ne considérer que le principe, aucune différence. Il y en aurait une cependant dans l'application ; mais elle ne serait pas à l'avantage de la proposition ; car les souverains d'alors essayaient de défendre tous les cultes contre un seul ; et nous, sans en protéger un seul, nous les attaquerions tous ; car c'est les attaquer que de vouloir leur fermer la bouche, et mettre un frein à la libre expression de leurs sentiments et de leurs croyances.

» On vient de citer nos lois anciennes et leur sévérité ; il fallait en même temps accuser leur impuissance ; il fallait, en les jugeant par leurs effets, remonter jusqu'à l'erreur de leur principe. Ces lois, ont-elles réussi à étouffer la licence et les blasphèmes ? ont-elles fécondé les semences de la foi ? Non, Messieurs,

la religion et la morale ont langui, l'incrédulité et
le vice ont prospéré sous les lois oppressives. Car la
liberté n'est pas moins nécessaire au perfectionnement
moral et religieux des peuples qu'à leur perfectionnement politique.

» On cite la loi anglaise. Cette loi dérivait du même
principe et d'un état de choses analogue. En France,
à l'époque où ces lois furent portées, une seule religion était reconnue par l'État, qui n'en tolérait point
d'autres. Il pouvait alors paraître simple que les lois
en prissent la défense. Tentative infructueuse, dont
le résultat ne doit guère encourager à l'imiter. En
Angleterre, quoiqu'en ait dit l'honorable orateur qui
m'a précédé, il y a une religion dominante, et durement
dominante, qui exclut des emplois supérieurs ceux
qui ne la pratiquent point. Sans doute le caractère
du siècle adoucit chaque jour cette législation ; mais
les lois ont été faites à une époque où cette religion
n'y était pas seulement dominante, mais encore
tyrannique. Comment donc pourrait-on nous citer les
lois de l'Angleterre ou de l'ancienne France, à nous
qui avons admis en principe la liberté de tous les
cultes, et par suite, leur indépendance dans le domaine
religieux ?

» J'ai dit que l'essence de la religion était méconnue
sous un autre rapport. Effectivement, c'est oublier
sa force, que de vouloir l'armer du glaive de nos
lois. Et qui est l'homme, cet être faible et passionné,
pour offrir au Tout-Puissant le secours de son bras ?
Veut-il donc s'emparer de sa force ou lui prêter ses

faiblesses ? Cette vaine présomption ne s'est déjà que trop montrée. Les siècles passés et l'histoire nous enseignent, dans des pages sanglantes, quels en ont été les funestes résultats. Est-ce dans ces voies que nous voulons suivre nos devanciers ? ou croit-on qu'il n'y ait plus parmi nous d'esprit de parti capable de venger sa querelle, en affectant de prendre en main celle de la religion ? Et qui nous répondra de l'avenir ? Qui nous répondra même du présent ?

Puis il ajoute, en répondant à M. Benjamin Constant :

« Chacun est d'accord sur le sens du mot morale, et il présente une acception nette à tous les esprits. Ce point accordé, et le sens du mot morale bien entendu, il devient facile d'expliquer le sens du mot morale publique. La morale publique est celle que la conscience et la raison révèlent à tous les peuples comme à tous les hommes, parce que tous l'ont reçue de leur divin auteur, en même temps que l'existence ; morale contemporaine de toutes les sociétés, que, sans elle, nous ne pouvons pas comprendre , parce que nous ne saurions les comprendre, sans les notions d'un Dieu vengeur et rémunérateur du juste et de l'injuste, du vice et de la vertu , sans le respect pour les auteurs de ses jours et pour la vieillesse, sans la tendresse pour les enfants, sans le dévouement au prince , sans l'amour de la patrie, sans toutes les vertus, enfin, qu'on trouve chez tous les peuples, et sans lesquelles tous les peuples sont condamnés à périr. L'histoire nous apprend à quelle époque divers cultes sont nés parmi les peuples ; elle nous dit les noms de leurs fondateurs ; elle ne peut pas nous dire l'époque à laquelle a commencé la morale publique, parce qu'elle est antérieure aux religions positives, parce qu'elle était, avant elles, la seule religion des peuples............... »

« La morale publique n'est donc, ni une chose nouvelle, ni un phénomène parmi les nations ; et j'ai peine à concevoir qu'on soit arrivé à élever de pareils doutes. Il est des temps de douleur et d'oppression qui en affaiblissent beaucoup le sentiment, il ne s'éteint jamais : je suppose qu'un tyran ait lontemps pesé sur un pays : si, du sein d'une longue servilité, un homme ignoré jusqu'alors s'éveille, qu'il se dévoue pour les siens, qu'il fasse entendre les premiers accents de vérité et de liberté, cet homme devient tout à coup l'honneur de son pays, il est proclamé le vengeur, l'organe de la morale publique ; tous les cœurs lui répondent et la tyrannie est ébranlée jusque dans ses fondements [1]. »

A ce moment, les regards de l'orateur, qui paraît vivement ému, et ceux de l'assemblée, à laquelle il a communiqué son émotion, se portent sur M. Lainé, adversaire à demi de la politique du cabinet, son adversaire, tout au moins, dans la question, et rendent à une fermeté, que relève aussi le désintéressement, le muet hommage que les Athéniens rendirent publiquement autrefois à la vertu d'Aristide.

L'effet produit sur la Chambre par cette allusion

[1] Discours prononcé à la Chambre des Députés, le 17 avril 1819.

inattendue fut saisissant et profond ; l'art ne peut ici qu'applaudir à ce dramatique emploi des souvenirs de l'histoire , mais la politique fait ses réserves sur le fait auquel il se rapporte ; elle se rappelle que le Corps législatif de 1813 eut le tort, qu'imita plus tard la Chambre des Députés des Cent-jours , d'attendre que le sol de la France fût envahi par l'étranger pour adresser ses avertissements au Gouvernement , et d'énerver ainsi la défense du territoire au lieu de l'activer et de la seconder par un concours non disputé.

Pour satisfaire tous les intérêts , en prévenant toutes les équivoques, **M.** de Serre consentit à l'addition du mot *religieuse* à ceux de *morale publique*, et l'article passa à peu près sans opposition.

La lutte se renouvela à la Chambre des Pairs sur la discussion d'un amendement qui reproduisait le sens de celui de MM. de Solilhac et Lainé ; **M.** de Serre l'y soutint avec la même vigueur et le même succès qu'à la Chambre des Députés ; il trouva moyen de redire les mêmes raisons sans se répéter , et de varier ce noble thème qu'il avait déjà développé , en accommodant son langage à la scène nouvelle sur laquelle il le reproduisait : la chambre haute lui décerna le prix le plus élevé auquel il ait pu aspirer , en ordonnant , sur la proposition de **M.** le marquis de Lally-Tollendal , et pour en faire le commentaire officiel de la loi , l'impression du discours qu'il venait de prononcer.

La question du privilége des membres des chambres

pour les discours qu'ils tiendraient à la tribune était une
des plus graves et des plus délicates qu'on pût y porter :
l'indépendance du pair ou du député lorsqu'il opine n'est
pas seulement son droit, c'est aussi la garantie de la
nation ; la liberté de la tribune est la sanction de celle
des élections ; mais il y a une mesure à tout, et il faut
craindre qu'une parole sans frein ne tombe bientôt dans
la licence. L'histoire de nos assemblées délibérantes
n'aurait que trop justifié ces craintes par des exemples,
si on l'avait interrogée : chacun sentait donc que le
droit du député, par exemple, devait s'arrêter à une
limite; la difficulté était de trouver le point où il fallait
la poser : les uns, ne reculant devant aucune témérité
pour assurer la liberté de la parole, dans l'orateur,
allaient, comme M. Lainé, jusqu'à couvrir de l'immunité les discours que, dans le but d'agir sur les
esprits, il ferait imprimer sans avoir pu ou voulu les
prononcer à la tribune; il y en avait même qui, comme
M. Manuel, inclinaient à en abriter également les
pétitions que les citoyens livreraient à l'impression,
après les avoir adressées à la Chambre : la disposition
du projet de loi, qui limitait le privilége aux discours
tenus à la tribune, rencontrait donc des adversaires
sur les bancs où un sentiment plus vif des besoins
de l'ordre semblait devoir ne lui faire rencontrer que
des appuis : M. de Serre en prit en main la défense ;
d'une constitution délicate et nerveuse, surtout dis-
posée à subir la réaction de toutes les impressions qui
avaient ému son extrême sensibilité, il se trouvait,
en ce moment, assez gravement indisposé ; le souci de

sa santé lui conseillait de ne pas quitter son appartement, mais le péril que courait la liberté, en risquant de voir rejeter la sage disposition destinée à la préserver de ses propres écarts, l'appelait à la Chambre. Il n'écouta donc que la voix du devoir, et, dès l'ouverture de la séance, il était au banc des ministres ; il laissa d'abord parler M. Lainé et M. Manuel, puis il monta à la tribune pour leur répondre. Où allait-il prendre la limite qu'il voulait poser? L'emprunterait-il à la loi des lois, à la Charte ? Son texte était muet. En appellerait-il à cette autorité qu'on appelle l'expérience et qui n'est le plus souvent que l'arbitraire tempéré par la sagesse, et puiserait-il dans l'histoire des jours néfastes de la Convention des exemples pour résoudre les hésitations du patriotisme, en jetant des craintes dans les esprits? Chacun pouvant invoquer les enseignements du passé à l'appui de sa thèse, la question n'en deviendrait que plus difficile à résoudre. Il met donc de côté les expédients que lui fournissent les circonstances, et néglige jusqu'à ces ressources si commodes qu'on nomme précédents parlementaires, et qu'offrent toujours à ceux qui les interrogent les annales de nos assemblées délibérantes ; si on le force à prononcer le nom de la Convention, il n'hésitera point, et, le déclinant résolûment, il montrera que, pour se protéger elle-même contre les entreprises des partis qui la divisaient, il lui suffisait, comme elle le pouvait, de maintenir intact le respect de ces règles protectrices qu'elle avait imposées à ses délibérations. C'est la raison qu'il prend pour juge du débat, et à la raison qu'il demande la solution du problème qui s'agite sur la rédaction de l'article du projet de loi en discussion : étant donnée l'idée du gouvernement représentatif, c'est-à-dire l'idée d'une nation concourant à son propre gouvernement par des représentants qui délibèrent en commun de ses intérêts, sur ce seul mot il élève une théorie si claire, si nette et si solide qu'elle devient une portion de notre droit constitutionnel, et que, depuis le jour où il en a posé les fondements, personne n'a osé y porter la main. Cette fois le doctrinaire est à la tribune avec le ministre ; on croirait entendre M. Royer-Collard ; il pose la question comme il l'aurait posée ; il l'envisage comme il l'aurait envisagée ; sa dialectique est aussi nerveuse et aussi serrée ; peut-être son argumentation prend-elle un ton moins absolu et moins impérieux que celui du maître ; mais son expression, moins tranchante, n'entre pas, pourtant, moins avant dans les esprits ; la parole coule moëlleuse et limpide des lèvres de l'orateur, et va, en s'insinuant partout, amollir les résistances et gagner les opinions. Il commence d'abord par établir les principes, puis interrogeant la nature des choses, il en tire des conclusions et, grâce à une habile déduction, il les enchaîne les unes aux autres et en forme un tissu dans lequel l'objection la plus fine et la plus subtile ne pourra pas trouver, pour s'introduire, une lacune ou une omission. Puis, passant du thème à l'application, il montre comment, sous l'influence de ces règles, qui ne sont autres que les inspirations du bon sens et les émanations pures de la droite raison, toutes les assemblées, même celles qui étaient travaillées par les passions les plus turbulentes, sont parvenues, pourvu qu'elles fussent assez fermes pour se soustraire à l'action directe de la multitude, à maintenir, dans leur sein, la régularité de leurs délibérations.

Mais donnons la parole à l'orateur lui-même, il se fera bien vite juger :

« Il n'est point, dit-il, de liberté pour une nation, si elle n'intervient, d'une manière quelconque, dans son gouvernement. Lorsque la nation intervient dans le gouvernement d'une manière directe et immédiate, par l'universalité de ses citoyens, il y a démocratie pure, forme de constitution d'autant plus orageuse, que les citoyens sont plus nombreux, et toujours impraticable pour un grand peuple. Chacun sait que cette espèce de gouvernement n'a été, pour les nations qui ont eu le malheur d'en jouir, qu'une suite continuelle d'agitations et de désordres, une scène perpétuellement mouvante de révolutions. Comme tout s'y décide au gré de la multitude ; comme cette multitude y est souveraine ou plutôt despote, c'est au peuple directement que, dans un État ainsi constitué, les discours et les orateurs doivent s'adresser. Une constitution plus heureuse nous a été donnée ; nous avons un gouvernement représentatif. Par cette forme spéciale, la nation intervient bien dans la conduite de ses affaires, mais elle y intervient par des pouvoirs légalement déterminés, qui sont ses organes légitimes :

or c'est dans la préservation de la pureté et de l'indépendance de ces organes ; c'est dans le maintien
sévère des limites, tracées à chacun de ces pouvoirs
par les lois constitutives, que consiste la conservation du gouvernement représentatif lui-même.
Ainsi les citoyens n'ont parmi nous, comme individus, qu'une seule fonction directe. Cette fonction,
limitée à ceux qui sont électeurs, c'est l'élection. Là
expire le pouvoir du citoyen : s'il intervient ensuite
dans la législation et dans la surveillance de l'exécution
des lois, c'est par le moyen des chambres ; s'il intervient dans les jugements , c'est par le moyen du jury.
Tout ce qui attaque ce mode d'intervention, tout ce
qui altère ces organes vitaux du gouvernement représentatif , pour mettre en mouvement les citoyens eux-
mêmes, ébranler la multitude et l'introduire dans
la conduite des affaires publiques, détruit en même
temps le gouvernement représentatif, ruine la liberté
comme le pouvoir dont elle est la garantie , et nous
précipite vers la démocratie pure et l'état de révolution.

» Ces principes posés, bien compris et accordés,
voyons quelles doivent être les fonctions d'une des
chambres dans son opération législative.

» Une proposition quelconque provoque la délibération des chambres ; la première condition de cette
délibération, c'est qu'elle soit commune ; chaque
membre y contribue ou peut y contribuer de ses
lumières et de ses opinions ; mais il y contribue dans
un débat public et général , de manière que chaque
fois qu'il énonce son avis il puisse être à l'instant

contredit. Les fonctions des membres de la Chambre se réduisent donc à la discussion commune et au vote. Quelle que soit l'opinion d'un député, il sort de ses fonctions de député, du moment où il sort de cette discussion commune. Je sais bien que souvent les membres des assemblées, qui n'ont pas réussi à convaincre leur collègues et à faire triompher leurs opinions personnelles dans les débats, cherchent à en appeler à la nation, qu'on vous a dit être notre justice suprême et notre arbitre. Je dis qu'alors ils sortent de leurs fonctions de députés ; je dis, de plus, qu'avec les meilleures intentions, peut-être, ils entrent dans une voie de désordre, dans une voie véritablement révolutionnaire. S'ils sont inviolables dans cette voie, s'ils ne relèvent d'aucune juridiction, ils feront bientôt ce que, dans des temps de trouble, ont fait les minorités de presque toutes les assemblées ; ils appelleront à leur secours le dehors, et, par le dehors, ils agiront sur l'intérieur ; le but du gouvernement représentatif est de réunir en petit nombre, comparativement à la masse d'une nation, l'élite de cette nation choisie par elle-même, de laisser cette élite s'éclairer réciproquement par des discussions contradictoires ; mais de la soustraire à l'action directe de la multitude. Tout ce qui peut appeler sur elle l'action de cette multitude, est inconstitutionnel et destructif du gouvernement représentatif.

» Il faut le dire, pour l'honneur de la France, quelque désastreux qu'aient été les résultats des travaux de nos premières assemblées délibérantes, quelque mode vicieux qui ait présidé à leur formation, sous quelques funestes auspices qu'elles aient été réunies, cependant on ne saurait le nier, dans ces assemblées la majorité fut presque toujours saine [1]. »

A ce moment, M. de Labourdonnaye interrompant brusquement M. de Serre, s'écrie : « Quoi ! même la Convention ! » Interdit, mais non déconcerté par cette violente apostrophe, l'orateur s'arrête un instant, puis se croisant les bras comme pour se replier sur lui-même et relevant la tête pour pousser plus énergiquement sa repartie : « Oui, Monsieur, même la Convention jusqu'à un certain point, reprend-il ; et si la Convention n'avait pas voté sous les poignards, la France n'aurait pas eu à gémir du plus épouvantable des crimes. » Foudroyé par cette brûlante et opportune repartie, l'interrupteur se tut ; l'assemblée, émerveillée de tant de sang-froid et de présence d'esprit, et enlevée par l'élan de cette puissante parole, éclata en applaudissements auxquels répondirent, en les redoublant, les applaudissements des tribunes. Ce solide discours et l'incident si dramatique, qui en interrompit le cours, valurent à M. de Serre l'un de ses plus beaux triomphes : il faut en convenir, ce triomphe, que la controverse essaya en vain d'affaiblir par l'équivoque, fut le prix du courage en même temps que du talent.

Cependant, M. de Serre se le vit, un jour, disputer ; il le renouvela, en foudroyant d'une réponse plus accablante encore, parce qu'elle était personnelle, l'orateur

---

[1] Discours à la Chambre des Députés, le 20 avril 1819.

qui s'était avisé d'y faire une allusion amère, en insinuant qu'il avait alors, pour le besoin de sa situation, fait l'éloge d'une assemblée qui se recommandait par ses actes à l'indignation de la postérité. Cette fois l'accusation était partie de la gauche, et c'était M. Stanislas Girardin, orateur d'un talent incisif, mais homme d'un loyal caractère, qui l'avait laissée échapper : les temps et les alliés avaient changé ; M. de Serre n'en fut que plus impitoyable dans sa réplique. « Oui, dit-il, en 1815, les royalistes ont été divisés. Tel a été mon caractère et la nuance de mes opinions, que j'ai pensé qu'après de si funestes révolutions, d'aussi profondes secousses, on ne pouvait trop en modérer les suites. J'ai incliné à restreindre, autant que possible, les mesures de rigueur dont, en principe, je reconnaissais la nécessité et la justice. Fort de ma conscience, et fort, j'ose le dire, de ma vie entière, je n'ai pas craint de me compromettre dans cette lutte. Cependant, je n'ai jamais, comme on le dit, fait l'éloge de cette abominable Convention ; seulement, en répondant à une interpellation fort vive de M. de Labourdonnaye, raisonnant dans la situation où je m'étais placé, j'ai dit que je croyais que la majorité de la Convention nationale elle-même, abandonnée à sa propre impulsion, ne se fût jamais portée au plus horrible des crimes ; que je croyais qu'elle avait été opprimée par cette terreur du dehors, ces menaces de poignards et tous ces infâmes moyens, que dans nos assemblées factieuses la minorité a toujours employés pour opprimer la majorité. (Très-vive sensation.)

« Au surplus, Messieurs, dans ces temps difficiles, je me suis livré tout entier pour couvrir des hommes qui s'étaient autant compromis, lorsque je n'ai peut-être pas assez craint de me compromettre moi-même ; aurais-je osé prévoir qu'ils s'empareraient, un jour, des paroles que je prononçais alors pour leur propre défense, eux qui se taisaient dans ce moment, qui se cachaient, peut-être ? Ils s'en emparent, cependant, aujourd'hui pour les tourner contre moi ! Vous êtes Français, et vous savez comment cela s'appelle. »

M. de Serre, comme les doctrinaires, le cabinet, comme la majorité qui le soutenait dans la Chambre des Députés, plaçaient, pour ainsi dire, dans l'attribution au jury de la connaissance des délits de presse toute la vertu des lois qui se discutaient en ce moment. A leurs yeux, c'était plus que la réalisation d'une promesse, c'étaient l'organisation et la mise en pratique d'un principe et d'une des garanties essentielles du gouvernement constitutionnel. Si, dans le parti libéral, cette attribution comptait en grand nombre des partisans résolus, elle y en rencontrait aussi d'hésitants et même des adversaires qui ne se cachaient point ; si M. Pasquier et M. Siméon n'y balançaient pas tout à fait M. de Serre et M. Royer-Collard, si, dans la session précédente, la Chambre des Députés paraissait s'être, par respect pour l'initiative de la couronne, refusée à introduire dans le projet de loi qu'elle votait l'attribution du jugement des délits comme des crimes de la presse au jury, il s'était, néanmoins, trouvé des orateurs qui avaient opposé à cette innovation de graves et radicales objections, et M. Pasquier ne l'avait pas moins vivement attaquée que M. Royer-Collard ne l'avait chaudement soutenue. Maintenant tout était convenu ; toutefois, quoique la proposition ne fût plus combattue que par un petit nombre et pour la satisfaction de leur conscience, M. de Serre crut devoir la défendre dans toutes les règles, et mit à accroître son triomphe l'ardeur qu'il aurait apportée, dans la lutte, pour conjurer sa défaite. Mais, pour sentir toute la valeur de ses arguments, il faut connaître et peser ceux de ses adversaires : pour n'en point omettre et juger de leur force, il faut les prendre dans la bouche de M. Pasquier, qui les produisait à la tribune dans la session précédente, avec la double autorité de son nom et de son titre de Garde des Sceaux. Sa manière est habile, sa parole est abondante et limpide, son style a de la netteté et ne manque ni de chaleur, ni d'éclat ; mais sa méthode n'est pas celle de M. de Serre, et quand celui-ci remonte aux principes et se maintient dans les hautes régions de l'idéal et de la théorie pure pour établir son système, celui-là en appelle aux faits et se renferme dans la région, plus accessible, de l'expérience et de la pratique pour le combattre, en établissant le sien. Il est avant tout homme politique ; il n'est donc pas étonnant qu'il tienne un grand compte du courant des idées et de l'état des esprits. Il ne cache pas sa préférence pour les procédés dont il va faire usage. « La théorie du jury que je vais exposer, dit-il, reposera sur des faits, car la méthode qui a fait faire

tant de progrès aux sciences naturelles est encore,
selon moi, celle qui doit conduire à leur perfection les
sciences d'économie politique [1]. » Partant de là, après
avoir opposé la fin de non-recevoir, qui agira sur ces
esprits circonspects, toujours plus enclins à tourner
les questions qu'à les résoudre ou à se tirer d'embarras par un expédient que par un refus positif, et
qui consiste à dire que, sous le régime d'une Charte
qui réserve exclusivement le droit d'initiative à la
couronne, il n'est pas possible de modifier radicale-
ment, par voie d'amendement, la législation existante,
ni même un projet de loi destiné à la modifier, il
pose et s'applique à justifier ces trois propositions :
1° la fonction du jury n'est pas une mission dont
l'accomplissement n'exige que les communes lumières
du bon sens ; 2° l'état des esprits, en France, ne
permet pas d'y confier au jury le jugement des simples
délits commis par la voie de la presse ; 3° la constitution actuelle n'autorise pas une pareille innovation,
et l'on ferait courir de sérieux périls à la société en
l'acceptant prématurément. On ne conjurerait pas le
danger et, en tout cas, on ne remédierait au mal
que par une inconséquence, si l'on songeait à instituer
un jury spécial pour les délits de la presse ; car des
jurés spéciaux pourront n'avoir pas un sentiment plus
exact des nécessités de la répression que les jurés
ordinaires, et vaudront moins ainsi en n'offrant pas

[1] Discours prononcé à la Chambre des Députés, le 11 décembre
1817.

plus de garanties ; mais, à proprement parler, ils ne seront que des juges, et ils présenteront l'inconvénient, devant, au fond, en remplir la fonction, de n'avoir ni la science et les lumières, ni l'expérience et l'esprit de suite des magistrats en titre. Le mieux donc ici est de s'en tenir à la loi commune, de laisser aller au jury les crimes de la presse et d'en réserver les délits à la police correctionnelle. Toute cette thèse est développée avec une lucidité parfaite, une grande force de langage et un rigoureux esprit de déduction.

D'une année à l'autre, M. de Serre répond à M. Pasquier, en répondant aux orateurs qui ont reproduit ses objections et ses idées. Il ne nie pas que le jury auquel on va confier une action si puissante sur l'opinion publique, en lui remettant le jugement des délits de la presse, ne réclame des améliorations, mais ce n'est pas l'affaire d'un jour, et il faut les étudier avant de songer à les réaliser. Dans sa hâte d'élever le monument tout entier, il ne se demande pas si, pour en prévenir la chute, il ne doit pas d'abord soigneusement faire passer par les mains de l'ouvrier la pierre qu'il pose à sa base, et si négliger de le faire, ce n'est pas tenter l'expérience en la chargeant d'une inconnue de plus : il affronte résolûment le reproche d'inconséquence ou de témérité : pour lui, le plus pressé est de doter le pays d'une institution qui est, comme la loi électorale, un complément de la Charte, et qu'il réclame autant que les partis, car, s'ils comptent d'avance sur la loi nouvelle pour donner l'essor à leurs passions, la France y compte

plus encore pour le contenir et le réprimer. Il ne néglige pas non plus les faits et l'expérience ; mais il veut
les voir de plus haut et les interroger ainsi avec plus
d'autorité : il en appelle aussi à l'expérience, mais ce
n'est pas seulement à celle du passé et du moment,
mais c'est encore à cette expérience anticipée qui résulte de faits possibles dont la connaissance découle
d'elle-même de la nature des choses. Pour tenir compte
ainsi des hypothèses, il ne se jette point dans des sup-
positions hasardées ; il s'en tient aux faits contingents,
en restant dans les faits accomplis. Une fois qu'elle
possède les uns et les autres, la raison n'a plus qu'à
conclure, et elle ne conclut pas autrement que quand
elle s'élève jusqu'aux principes, et s'empare des lumières qu'ils lui fournissent pour en éclairer les questions qu'elle a à résoudre.

Mais je laisse l'analyse du discours du ministre pour
en citer un fragment ; on y reconnaîtra la hauteur de
vues, l'élévation de sentiments, la vigueur d'argumentation et la fermeté de langage qui lui sont habituelles.

« On conteste au jury, dit-il, les lumières et les
connaissances nécessaires pour statuer sur les délits
que le projet soumet à leur examen. Cette objection
a-t-elle été pesée suffisamment avant de se produire ?
N'est-ce pas, en effet, parmi les citoyens les plus re-
commandables du département que sont choisis les
jurés ? Dans ce nombre, ne s'en rencontre-t-il pas
d'assez éclairés pour remplir les fonctions que la loi
leur attribue, et la manière même dont se forment les
listes ne permet-elle pas d'appeler ceux qui remplissent

cette condition? En outre, on soumet aux jurés des matières qui ne sont pas moins difficiles, qui sont plus épineuses peut-être que celles dont il s'agit ici. Le jury prononce aujourd'hui sur des délits de faux, par exemple, qui certes sont les points les plus délicats et les plus embarrassants qui puissent être proposés au jugement des hommes; il prononce sur des délits de banqueroute, de concussion et beaucoup d'autres encore qui ne supposent pas moins de connaissances que l'appréciation des délits politiques, commis par voie de publication. Et quelles sont, en effet, les connaissances nécessaires dans ces sortes de jugements? Ce sont précisément celles qu'ont naturellement les jurés. A qui s'adressent, en effet, les écrivains punissables? Sur quels esprits veulent-ils faire impression? N'est-ce pas sur le public qu'ils se proposent d'agir? Qui donc mieux que ce même public, c'est-à-dire, que le jury qui est tiré de son sein, pourra juger si cette impression, qui constituerait le crime, a été cherchée ou produite, et jusqu'à quel point elle a pu l'être? Qui mieux que ce public, c'est-à-dire, mieux que le jury, décidera, d'après cette impression, si la publication déférée à la justice a réellement le caractère de la provocation et de la diffamation? Croyez-le, Messieurs, les connaissances des jurés en cette matière seront peut-être préférables à celles des hommes qui font leur étude spéciale du texte et de l'application des lois, parce que ces hommes vivant plus séparés des hommes, se faisant de leur cabinet ou du palais une espèce de monde particulier, moins mêlés, en un mot, à ce public, et plus étrangers à sa manière de sentir et de prendre les choses, sont moins à portée d'apprécier des publications dont le crime ou l'innocence consistent dans les impressions qu'elles ont produites ou qu'elles ont eu dessein de produire sur le public.

» Mais ce qu'il faut surtout chercher dans les jugements des délits politiques, c'est une impartialité et une indépendance telles que chacun les demanderait pour soi-même, s'il devait être accusé et jugé sur une accusation portée contre lui par le pouvoir. Sur ce point, le Gouvernement peut se rendre justice à lui-même, et doit la rendre à la magistrature française ; mais la conviction du Gouvernement n'est pas tout en pareil cas, il faut que le public la partage. Or, le public est-il pleinement convaincu qu'un juge de tribunal correctionnel, qu'un conseiller même de cour royale, malgré son inamovibilité, n'ait rien à espérer du Gouvernement, ni par conséquent rien à en craindre ? Et s'il conserve quelque doute à cet égard, s'il soupçonne qu'il puisse y avoir lieu pour eux à l'espérance ou à la crainte, quelque peu fondés que soient ces soupçons, lorsqu'il s'agira d'une cause où le pouvoir sera intéressé, n'altéreront-ils pas cette confiance dans la parfaite indépendance et la parfaite impartialité du juge, confiance qui doit être inaccessible à la plus légère atteinte ; et cela d'autant plus que les corps de magistratures ont eux-mêmes des pouvoirs, et qu'en prononçant sur les attaques portées contre le pouvoir, ils sont, à un certain point, juges dans leur propre cause.

» L'expérience a confirmé ces principes. Trop

d'exemples ont appris au Gouvernement que les tribunaux ne suffisent plus à la répression des délits dont le projet de loi leur ôte la connaissance ; et lorsque nous demandons à la législature de leur substituer le jury, c'est moins encore peut-être pour l'intérêt des prévenus et des accusés que pour la certitude de la répression et la sécurité de la société. Le fait parle de lui-même. Les poursuites se relâchent, souvent même elles craignent de s'élever, lorsque le jugement ne peut pas être déféré à un juge dont l'indépendance et l'impartialité soient tellement établies dans l'opinion, que cette opinion vienne d'elle-même au secours de ses arrêts, et en écarte tout soupçon d'influence étrangère à la justice.

, » Qu'on veuille bien se rappeler ce qu'étaient avant la Révolution les moyens de répression en comparaison de ce qu'ils sont aujourd'hui. Qu'ont produit, je le demande, ces moyens, tels cependant que vous n'en sauriez donner de pareils au Gouvernement? A quoi ont servi les parlements, ces corps si puissants, qui tenaient du temps, du mérite personnel et de l'opinion une si imposante autorité? Les parlements eux-mêmes ont été trouvés faibles contre la licence des écrits. Le débordement de la licence a rompu toutes les digues, en dépit de la rigueur des arrêts. Les répressions actuelles, la loi du 9 novembre, dans toute sa sévérité, sont également insuffisantes, et la licence brave aujourd'hui les tribunaux comme elle a bravé autrefois les parlements. Voilà ce dont le Gouvernement a la conscience et la conviction mieux que qui que ce soit.

L'intérêt de l'ordre demande de nouveaux juges, et ces juges qui seront-ils ? Ce sera vous ; je dis vous-mêmes, Messieurs, car j'ose appeler vous-mêmes des citoyens choisis dans l'élite de la société pour prononcer sur des attaques dirigées contre la société, et dont le jugement sera celui de la société même. Ainsi seulement sera réprimée la licence qui, croyons-en l'expérience autant que la raison et les principes, ne peut plus être autrement réprimée.

» Et ne croyez pas à l'indulgence excessive des jurés. J'oppose, à ce qu'on dit de cette prétendue indulgence, le tableau de toutes les décisions que rendent en France, depuis l'introduction du jury parmi nous, et les juges et les jurés, et je déclare, peut-être contre l'opinion de beaucoup de personnes, mais avec la certitude des faits, que c'est dans les décisions des jurés qu'on trouve le plus de sévérité. J'invite les personnes qui ont des doutes sur ce point, à consulter les magistrats qui ont comparé le plus assidûment les décisions des juges et les décisions des jurés.

» Quant à l'esprit de parti, malheureusement personne n'est à l'abri de son action, et si vous ne pouvez y soustraire absolument les jurés, ce privilége, qui leur est refusé, ne sera pas davantage accordé aux magistrats. Mais dans le jury, du moins, le choix et la récusation permettent d'écarter les hommes que l'esprit de parti pourrait rendre dangereux pour la société et pour la liberté. Enfin si, malgré cette double garantie, on n'évite pas toujours un jury partial, il n'en résulte nécessairement que le malheur d'un mauvais jugement. Au contraire, si l'esprit de parti s'est introduit dans une compagnie, dans un tribunal, on ne peut l'en bannir ; ces juges inamovibles sont des juges nécessaires, la règle du jugement se trouve alors faussée ; elle est faussée pour toujours et pour toutes les affaires. Considération immense, considération décisive en faveur du jury.

» J'arrive maintenant à un reproche étrange au milieu d'une assemblée qui s'occupe de faire, pour la nation qu'elle représente, des lois organiques. On crie à l'innovation ! Et quelle innovation plus grande parmi nous que l'introduction d'un gouvernement libre et constitutionnel ! Où sont les hommes qui auraient assez peu réfléchi pour croire qu'une nouveauté pareille ne dût en amener une autre, pour penser que le système impérial, avec toutes ses lois, pût se conserver dans son intégrité, et devenir l'appui de la liberté et le support naturel de cette monarchie protectrice de la liberté ?

» Placez-vous donc un instant, Messieurs, dans la position de votre gouvernement. On lui reproche sans cesse d'être trop lent à mettre toutes nos institutions en harmonie avec les principes du gouvernement constitutionnel, introduits par la Charte dans les hautes régions du pouvoir ; et lorsqu'après de longues méditations, il cherche à établir par degrés cette harmonie entre les anciennes et les nouvelles institutions, ce gouvernement serait accusé d'être novateur ! Il serait accusé de se précipiter dans les systèmes et dans les désastres qu'ils entraînent nécessairement ! Non, c'est graduellement, c'est avec lenteur et maturité qu'il vous propose des changements aux institutions existantes, c'est toujours en rapportant ces changements aux principes de nos grands établissements politiques ; et songez que de tous les dangers dont on voudrait vous inspirer la crainte, un des plus grands, sans contredit, serait de vouloir s'arrêter au milieu de la route, de vouloir conserver des institutions incohérentes, de sorte que l'esprit constitutionnel animât les unes et que l'esprit du pouvoir absolu respirât dans les autres [1]. »

Les convictions étaient faites ; néanmoins, il est permis de penser que, dans une chambre sur laquelle la parole de M. de Serre exerçait un si grand pouvoir, ce langage, si elles avaient encore flotté, aurait résolu toutes leurs hésitations. S'il avait pu lire dans l'avenir, l'homme d'État ne se serait peut-être pas fait sur la sagesse de la nation et la modération des partis tant d'illusions : peut-être aussi se serait-il trouvé moins d'adhérents pour les partager.

Le droit, pour le prévenu de diffamation envers un fonctionnaire public, de faire contre lui la preuve des faits incriminés, est une des questions qui furent le plus controversées dans le cours de la discussion des lois sur la presse : quand on interroge l'équité sur la légitimité de ce droit, aussitôt elle répond en le consacrant par son assentiment ; mais, si l'on en appelle à la pratique, on croit trouver à son exercice les plus grands inconvénients. Soit pourtant : qu'on les brave

[1] Discours prononcé à la Chambre des Députés, le 26 avril 1819.

et, au lieu d'interdire la preuve des faits diffamatoires, qu'on admette le prévenu à les établir ; car si on le châtie sans lui permettre de se justifier, la sentence pourra trouver des incrédules et, comme le dit M. de Serre, le coupable aura été condamné, il ne sera point convaincu. Mais quelle preuve le prévenu pourra-t-il administrer à la justice ? En lui ouvrant ce champ, ne lui poserez-vous pas de limites ? Devra-t-il s'arrêter à la preuve légale ? Le laisserez-vous aller jusqu'aux autres preuves écrites ? Lui fermerez-vous l'accès de la preuve testimoniale ? On craint de s'engager à l'aventure ; on prévoit toutes les difficultés ; on pose toutes les objections : M. de Serre les aborde, les pèse, les discute, les juge et n'en laisse aucune sans essayer d'y répondre : jamais sa discussion n'a été plus abondante, jamais sa controverse n'a été plus animée : sa dialectique est vive et pressante, son style plein de feu et de couleur ; les sentiments amènent les images, le langage se répand en mouvements qui vous saisissent et s'élèvent, à propos d'une question de procédure, jusqu'à la plus haute éloquence.

« Enfin, dit l'orateur, et c'est le point sur lequel s'est établie principalement la discussion, en reconnaissant de l'absurdité et de la tyrannie dans la disposition du code pénal qui interdit toute autre preuve que la preuve légale, c'est-à-dire le jugement, en consentant à joindre à cette preuve la preuve écrite, on repousse avec effroi la preuve par témoins. Distinction inadmissible, comme on l'a déjà fait voir dans les causes soumises à l'examen du jury. Et qui jamais

prétendra imposer des règles de certitude à des ar-
bitres, à qui on a recours précisément à cause de
l'insuffisance de ces règles ? Qui jamais imaginera de
dire à des hommes qui ne doivent prendre que dans
leur conscience et leur conviction les motifs de leurs
décisions : Vous reconnaîtrez la vérité à telle marque
et non à telle autre, vous serez convaincus à telles
conditions, et il vous est interdit de croire sur tel
ou tel ordre de preuves ? Non, Messieurs ; au contraire, dans les instructions que reçoivent les jurés
avant d'aller aux voix, on les avertit de ne pas
s'arrêter à la nature des preuves et à leur force extérieure, mais de rentrer en eux-mêmes pour interroger
l'impression unique et indivisible que l'ensemble des
débats a produite sur eux, pour consulter leur
conscience intime, en un mot, sans égard aux différents
motifs qui ont pu l'éclairer. C'est qu'en effet le jugement par jury n'est qu'un appel à la conscience et à
l'équité naturelle, pour suppléer au défaut de certitude
matérielle et à l'insuffisance de la justice formelle,
si je puis parler ainsi.

» La nature même du jury repousse donc cette
distinction entre les preuves écrites et les preuves
testimoniales. Mais la nature des choses ne la repousse
pas moins. Des abus de pouvoir, des actes vexatoires
peuvent avoir été commis en présence d'une multitude de témoins, à la face de toute une ville ; et
lorsqu'on se sera plaint de faits aussi publics, aussi
notoires, vous voudriez ôter au plaignant, cité en
justice par son oppresseur, le droit d'appeler à son

secours cette notoriété, cette publicité dont il n'aura été que l'organe ! Une telle disposition est évidemment impossible, et ne le fût-elle pas, elle tournerait au désavantage du fonctionnaire, en portant sur l'accusé tout l'intérêt du jury. Car, n'en doutez pas, les jurés ne voyant en lui qu'un opprimé, appelé en justice sans pouvoir s'y défendre avec les armes de la vérité, ne manqueraient pas, en vertu de leur pouvoir discrétionnaire, d'éluder une loi qui leur paraîtrait injuste, et de suppléer, peut-être au delà de l'équité, par la souveraineté de leur verdict, au défaut des preuves que le prévenu n'aurait pas été autorisé à faire valoir.

» En délibérant sur l'article 20, souvenez-vous avec quelle rigueur les articles suivants règlent les éléments de la preuve, et comment ils rassemblent sous les yeux du jury tous les témoignages qui peuvent démontrer la vérité. En vous pénétrant ainsi de l'esprit de la loi, en vous plaçant dans le véritable point de vue déterminé par la situation des choses, vous verrez que c'est surtout pour l'intérêt des fonctionnaires qu'il faut conserver la disposition que nous défendons à la tribune.

» Je ne crains pas de le dire, si vous pouviez en ce moment vous arrêter à une résolution contraire, on vous verrait bientôt, rentrés dans vos foyers, désavouer, comme citoyens ou comme jurés, la décision que vous auriez prise comme législateurs. Citoyens, vous ne verriez pas vos concitoyens opprimés par les ministres du pouvoir sans élever la voix en leur faveur. Jurés, vous ne verriez pas tranquillement devant vous l'opprimé qui s'est plaint, mis dans l'impossibilité de fournir les preuves de l'oppression [1]. »

Les lois de la presse votées et promulguées, M. de Serre s'appliqua, en ce qui le concernait, à en diriger l'exécution dans l'esprit qui les avait dictées et qui l'avait animé lui-même dans le cours de leur discussion. Elles sont pleines des sentiments qu'il avait apportés à la tribune des deux chambres, de la confiance qu'il avait placée dans les lumières de la nation, des espérances qu'il avait fondées sur cette éclatante émancipation de la liberté. Aux yeux de la postérité et de l'histoire, elles sont son œuvre capitale ; si l'on en juge par ce qu'elles peuvent révéler de ses dispositions intimes et de ses inclinations politiques, on doit croire qu'elles sont aussi son œuvre de prédilection : par elles il a voulu mettre la nation en possession d'elle-même et du gouvernement que la Charte lui avait promis. Grande et difficile entreprise que ses amis n'ont crue que hardie, que ses adversaires ont qualifiée de téméraire, dans la poursuite de laquelle ceux-ci pas plus que ceux-là n'ont pu lui refuser, indépendamment de celui du talent, le mérite du courage et de la résolution. La veille, la censure tenait encore la liberté en tutelle, le lendemain la liberté était émancipée ; le cabinet dont M. de Serre était la personnification véritable, en promulguant ces lois généreuses, lui avait donné des ailes pour prendre son essor et parcourir, à travers les orages, ces mers où la Charte lui avait

[1] Discours prononcé à la Chambre des Députés, le 30 avril 1819.

ouvert des ports : faut-il croire que le noble ministre se soit trompé et qu'il ait trop présumé de sa sagesse? Ces ailes, dont il l'avait dotée, seraient-elles les ailes d'Icare et ne s'en serait-elle servie que pour se précipiter dans l'abîme, ou aller, au milieu des tempêtes, se briser sur les écueils ? Ce serait moins lui que nous ou nos pères qu'il faudrait accuser de son naufrage ; après ces longues et dures épreuves, dans le cours desquelles l'absolu des systèmes et les emportements de la passion avaient si mal servi les divers partis, il avait cru au bon sens des peuples et à la modération des hommes ; n'est-ce point leur faute, s'ils ont si mal usé de ces nouvelles épreuves que, dans son patriotisme et dans sa confiance, il leur avait ménagées ? Ce n'est pas à lui seul, mais surtout à eux-mêmes qu'ils doivent s'en prendre, s'il est revenu des jours où il a fallu fermer ces ports, dans lesquels ils avaient fait entrer avec eux les orages, et élever à leur place des citadelles pour abriter l'autorité contre la licence. Dieu n'accorde pas indistinctement de glorieuses résipiscences ou de patients répits à tous ceux qui ont failli ou qui sont près de succomber ; il faut qu'ils méritent de se tenir debout et fermes pour qu'il leur permette de se relever.

Disons-le sans envie, mais avec sincérité, il y en a près de nous qui ont eu la sagesse qui nous a manqué : chez eux la liberté, fortifiée par les épreuves, s'est affermie sous l'influence de ces agitations régulières ; chez nous, au contraire, affaiblie par une croissance trop rapide et promptement épuisée par ses excès, elle ne semble renaître que pour périr dans les convulsions. L'homme d'État et le philosophe, qui réfléchissent sur les vicissitudes de nos voisins et sur les nôtres, nous retrouvent dans l'image que leur offrent aux confins de deux mondes ces deux mers que sépare à peine un étroit courant : le navigateur qui passe de l'une dans l'autre, sent qu'il quitte la région du calme pour entrer dans celle des orages ; son habileté, en les traversant pour gagner le port, est de ne pas s'endormir sur la foi des vents amis et de veiller toujours pour ne pas être surpris par la tempête ; il sait que, pour lui, la fortune n'est qu'au prix de la prudence et des périls, de la persévérance et des efforts. N'est-ce pas au delà de ces mers que les anciens avaient placé la Toison d'or ?

La session de 1819, ouverte par une crise, avait bientôt retrouvé le calme, grâce à la constitution d'un nouveau cabinet, et s'était assez facilement poursuivie à travers les discussions élevées et sereines des lois de la presse ; mais, au moment de se clore, elle avait vu ce calme heureux, un instant, troublé par celles qui s'étaient engagées sur les pétitions présentées en faveur des bannis.

On se rappelle que la loi d'amnistie du 12 janvier 1816, que M. de Serre avait combattue avec tant d'énergie et de résolution, créait deux catégories de bannis ; la première, établie dans l'article 2, était composée des individus qui étaient nominativement désignés dans l'ordonnance du 24 juillet 1815, et que cet article autorisait le Roi à éloigner du territoire pour un temps qui était laissé à sa discrétion ; la seconde, consacrée par l'article 7, comprenait les régicides qui avaient voté l'acte additionnel ou accepté des fonctions ou emplois de l'Empereur, et que la loi frappait de bannissement perpétuel. Le Roi, comme M. de Serre, devenu ministre, le disait plus tard en faisant connaître les intentions véritables du monarque, avait opposé une généreuse obstination à l'adoption des catégories, et les avait plutôt subies qu'adoptées. Indépendamment de ce que la loi qui les formulait était une violation de la sage disposition de la Charte [1], qui interdisait la recherche des opinions et des votes émis jusqu'à la Restauration, et commandait le même oubli aux tribunaux et aux citoyens, elle marquait la politique des temps où elle avait été adoptée d'un caractère d'inflexible sévérité, qui avait exercé sur les esprits une action qui subsistait encore. Chaque fois que ses ministres le lui avaient demandé, le Roi s'était prêté, ils en rendaient témoignage, avec le plus noble empressement, à en tempérer la rigueur par des mesures de clémence. On regrettait amèrement d'avoir été impitoyable pour le maréchal Ney, et l'on n'en était devenu que plus large et plus facile avec les bannis. Beaucoup des deux catégories avaient déjà obtenu des autorisations de rentrer en France : il suffisait peut-être de garder le silence et de laisser faire le Gouvernement pour que, avant un petit nombre d'années cet exil, qui craignait de durer tou-

[1] L'article 11.

jours, eût reçu sa fin. Mais les partis sont impatients ; ils n'aiment pas à attendre ; ils demandèrent d'autorité et d'un seul coup ce qu'on leur accordait, à titre de grâce et en détail. Les journaux du parti libéral donnèrent le mot à demi voix, et les pétitions accoururent de tous côtés pour réclamer l'intervention de la Chambre des Députés en faveur des bannis : les membres de l'extrême gauche les soutinrent avec une grande chaleur, et en demandèrent le renvoi aux ministres compétents : M. de Serre combattit ce renvoi au nom du Gouvernement ; il parla d'abord avec une grande modération ; il rappela que la mesure dont on réclamait le rapport avait été arrachée au Roi par les passions du temps ; qu'il n'y avait donné son adhésion qu'en se promettant d'adoucir, autant qu'il le pourrait, ses rigueurs dans la pratique, et que son cœur n'avait jamais failli à une mission qu'il s'était ainsi résolument imposée. Il fallait, sans y toucher, laisser la loi tomber d'elle-même ; prendre en face du souverain l'initiative de son abrogation, en la sollicitant, c'était le mettre dans la dure alternative ou de perdre de sa dignité en subissant une pression irrespectueuse, ou d'affecter dans sa politique une sévérité qui n'était point dans ses sentiments ; c'était enfin mettre en présence le monarque et les terribles juges de son frère, et contraindre la royauté à succomber une seconde fois devant le régicide. Qu'on s'en fie donc à la bonté du Roi du soin de choisir le moment, qui sera le plus opportun pour autoriser la rentrée de chacun de ceux dont l'éloignement n'est que momentané, et d'accorder aux autres les tolérances que, même en dépit d'une loi dont la lettre ne permet point de concession, peuvent réclamer les situations individuelles. C'en était assez ; tout ce qu'on pouvait dire était dit, il ne fallait pas se croire obligé d'en dire davantage : mais l'argumentation et la logique entraînèrent l'orateur plus loin, et obéissant peut-être au besoin de rendre sa pensée avec plus de netteté et de précision, il ajouta, comme pour se résumer en concluant : « Ainsi, Messieurs, à l'égard des régicides jamais ; sauf, comme je l'ai dit, les tolérances accordées par la clémence du Roi à l'âge et aux infirmités. A l'égard des individus temporairement exilés, confiance entière dans la justice et la bonté du Roi [1]. » La Chambre, en entendant retentir ce mot terrible de jamais, prononcé d'une voix vibrante par l'orateur, qui s'efforçait de dominer par sa parole sa propre émotion, fut soudainement saisie d'étonnement. Mais elle ne se donna pas le temps de se remettre, et aux passions des partis de prendre feu sous l'excitation des paroles que les orateurs de la gauche feraient éclater à la tribune. En vain M. Manuel s'y était-il précipité ; on demanda l'ordre du jour, et la Chambre le vota immédiatement. L'opinion et la presse n'acceptèrent pas ce vote avec la même résignation ; il n'y eut qu'un cri, d'un bout de la France à l'autre, dans les journaux du parti libéral, et ce mot, qui rendait une pensée que la nécessité plaçait dans la situation, car

[1] Discours prononcé à la Chambre des Députés, le 17 mai 1819.

rarement un gouvernement , même à la veille de
céder , souffre , sans répondre, qu'on le somme de
désarmer ; ce mot démenti par le passé, que le président entendait sans y croire et que l'avenir allait
bientôt désavouer avec éclat ; ce mot, malheureux
surtout parce qu'il fut dit par l'orateur qui s'était
révélé en combattant avec tant de courage les proscriptions, porta un coup funeste à la popularité de
M. de Serre : les partis, qu'il avait protégés contre les
violences de la réaction, ne se souvinrent plus, ni
de ces généreuses protestations qui avaient conjuré le
retour des confiscations politiques et préservé de la
persécution tant de serviteurs du gouvernement déchu,
ni de cette liberté qu'il leur avait donnée la veille,
et dont ils commençaient à se servir en la retournant
contre lui ; ils ne gardèrent dans leur mémoire que
le mot qui avait réveillé leurs passions, blessé leur
cœur et troublé leur esprit.

Ce mot fut une faute , car il était inutile : il pouvait
nuire , et l'on ne voit pas comment il pouvait servir. En
le prononçant , M. de Serre se mettait en contradiction
avec la politique que le cabinet suivait la veille ; celle
qu'il suivrait le lendemain allait le contredire de nouveau. En effet, le Roi, sur la proposition de M. Decazes,
n'avait cessé de gracier depuis que la Chambre de 1815
avait voulu bannir, et, malgré le langage que le ministre venait de tenir, il continuerait encore à gracier.
Il était arrivé à M. de Serre ce qui arrive souvent dans
les temps de révolution ; pour ne pas irriter les partis
ou pour se ménager leur concours , on consent à entrer

dans leurs idées et dans leurs sentiments, mais on y va trop avant, et on les dépasse, en les exagérant; M. de Serre, imposant silence à son cœur, avait, de bonne foi, fait parler l'implacable sévérité où il eut suffi de laisser parler la raison. Prononcé pour contenir la droite, son mot fit sortir la gauche des bornes, et faillit mettre la Chambre aux prises avec elle-même. Il faut, du reste, dire à la décharge du Garde des Sceaux ce que les révélations de l'histoire nous ont appris, ce que même la réflexion aurait pu nous faire soupçonner: la veille du rapport des pétitions qui demandaient le rappel des bannis, le cabinet avait délibéré sur la conduite à tenir, et le langage du ministre n'était que l'exacte et fidèle expression de ce qui avait été résolu et arrêté en commun.

Un incident reporta, quelque temps après, la question à la tribune; M. de Serre n'hésita pas à l'y aborder de nouveau, et à expliquer avec calme et réserve, mais sans faiblir, le langage qu'il y avait fait entendre d'abord; cette fois la redoutable question passionna, dans la Chambre, les partis comme elle les avait passionnés dans le pays; mais M. Royer-Collard, qui n'avait pu assister au commencement de la discussion, entrant tout à coup dans la Chambre et intervenant dans le débat, comme le dieu du poëte, pour dénouer le drame avec éclat, le trancha, en effet, par un discours bref, net et d'un sens élevé. La Chambre, après lui, ne voulut plus entendre personne et passa encore une fois à l'ordre du jour.

Dans ce temps M. Bavoux attirait la jeunesse de

l'École de droit à son cours de procédure civile et de droit criminel, en y soumettant à une libre critique quelques-unes des théories et des dispositions du Code pénal : l'autorité s'en émut, parce que cette controverse, un peu hardie peut-être, quoique savante, lui parut servir moins la science que les passions qui fermentaient dans le cœur des générations nouvelles : le professeur fut averti; l'ordre fut troublé à ses leçons ; le doyen de la Faculté intervint pour l'y rétablir, mais ne pouvant y parvenir il suspendit le cours. Loin de calmer les esprits, la mesure les irrita et les emporta aux extrémités. On instruisit administrativement et judiciairement contre le professeur et les élèves; sans attendre le résultat de ces diverses poursuites, des élèves s'adressèrent à la Chambre des Députés et la supplièrent d'intercéder auprès du Gouvernement pour que le maître fût rendu à la jeunesse qui suivait ses leçons. La Commission de la Chambre, s'écartant de ses procédés habituels, au lieu d'un rapport présenté dans la forme oratoire, lui apporta un projet de résolution rédigé dans celle des sentences judiciaires ; le ton en est ferme, mais modéré ; tout est prévu, et rien n'est préjugé : la juridiction criminelle et la juridiction disciplinaire sont saisies ; le devoir du parlement est donc de s'abstenir, en les laissant agir, avec une pleine indépendance, dans la sphère de leurs attributions respectives. Après le rapporteur de la Commission le Garde des Sceaux se fit entendre; son langage calme et mesuré respire l'amour de la justice et de l'ordre, et témoigne d'un profond respect pour les droits de chacun ; de paroles qui prennent les choses de si haut il vient une leçon pour tout le monde, pour la jeunesse, pour les maîtres et pour les gouvernements.

« Messieurs , dans tout État bien constitué, dit M. de Serre , l'œuvre la plus difficile et la plus importante a été de reconnaître quels principes, quelles doctrines il fallait inculquer à la jeunesse, de trouver des maîtres dignes , par des sentiments et des connaissances éprouvées, par une vie tout entière consacrée à la science et à la vertu, de lui enseigner et de lui inspirer l'un et l'autre. Pour juger à la fois et du mérite de ces doctrines et du mérite des maîtres, ce n'est pas trop de l'élite des hommes de la nation. Et cependant ici, par le renversement le plus étrange de toutes les idées et de tout ordre, les élèves eux-mêmes, cette jeunesse qui a tout à apprendre, et la science et la sagesse , se porte garant de la sagesse et de la science ! Cette jeunesse se présente devant les députés de la France ; elle y vient audacieusement juger ses maîtres et les supérieurs de ses maîtres..... »

« Ainsi, Messieurs, il importe de donner, en ce jour, une leçon qui profite à un autre âge encore ; il importe de manifester votre inébranlable résolution de ramener, de maintenir partout ces principes d'ordre et de subordination sans lesquels aucune de nos institutions, sans lesquels ni le trône ni nos libertés ne sauraient s'enraciner ni s'affermir. C'est surtout dans le moment difficile où nos institutions, la plupart nouvelles encore, se développent en ·luttant contre tant d'obstacles ; c'est en ce moment que les peuples, que la jeunesse, et surtout cette jeunesse qui se voue à l'étude des lois , qui doit les garder, les appliquer , les interpréter un jour , c'est en ce moment que tous doivent apprendre que, dans un État libre , les lois doivent être plus sévères et plus sévèrement observées ; que l'arbitraire étant, autant que possible, banni du gouvernement, toute force réside dans le respect des lois et des magistrats qui parlent en leur nom ; que ce respect est la première vertu des citoyens , celle à laquelle , à ce titre et à celui de bons et loyaux députés , vous attachez les destinées de votre pays [1]. »

C'est à peine si un ou deux orateurs de la gauche osèrent faire quelques observations après ce discours : la Chambre qui l'avait entendu, vota , à la presque unanimité , l'ordre du jour.

Dans d'autres circonstances, et sous l'impression des troubles qui s'agitaient autour de la Chambre des Députés pendant la discussion de la loi des élections, en 1820 , M. Pasquier, en terminant un de ses plus beaux discours devant cette chambre , adressait, sous la forme austère et triste du regret, une leçon pareille à la population des écoles.

« Les jeunes gens , s'écrie-t-il, semblent dire à leurs pères : Une révolution ! Nous la ferons bien mieux que vous ! Imprudente jeunesse ! Puisse l'expérience , qui vous viendra trop tôt peut-être , vous

___

[1] Discours prononcé à la Chambre des Députés, le 11 juillet 1819.

coûter moins de larmes et de sang que vos pères n'ont dû en répandre [1] ! »

L'année financière ne fut pas la seule question de finances que M. de Serre aborda pendant le cours de la session de 1819 ; il intervint plus d'une fois dans la discussion du budget ; il y parla, entre autres choses, sur celui de l'université pour lui conserver ses ressources, sur celui de la guerre pour défendre la loi libérale du recrutement attaquée par M. de Labourdonnaye, sur celui de la Légion d'honneur pour contenir les exigences de la gauche et ménager au Gouvernement les atermoiements qui lui étaient nécessaires pour aider à sortir de ses ruines une institution qui s'était élevée en même temps que l'Empire et qu'il avait presque entraînée dans sa chute. Le discours qu'il prononça en cette dernière circonstance est un chef-d'œuvre d'habileté ; l'art ne saurait trouver des expédients plus ingénieux, des détours mieux calculés pour échapper aux difficultés d'une situation ; il faut comparer ce discours à celui que le général Foy prononça sur le même sujet, et qui signala son début à la tribune, pour se faire une exacte idée de l'attention et du soin avec lesquels ces nobles esprits entraient dans les convenances et dans les mœurs de leur sujet. Son discours sur la loi de recrutement est une harangue qui ne le cède à aucune autre de ses œuvres pour sa valeur propre et pour le succès dont elle fut couronnée. La justesse et la profondeur des vues, l'élé-

[1] Discours prononcé à la Chambre des Députés, le 18 mai 1820.

vation de la pensée et des sentiments, l'éclat et la vigueur de l'expression, toutes les conditions de l'éloquence s'y trouvent dans une rare mesure. Qu'on en juge par le début et par la fin de ce discours : qu'un rhéteur serait heureux de tomber sur un pareil exorde et sur une semblable péroraison !

« Tout semblait, dit-il en débutant, promettre à cette session une fin aussi paisible que le commencement en avait été orageux. Surpris d'abord d'un silence auquel on s'était peu attendu, on en était venu à le regarder comme un passage à cette modération qui est plus que jamais le besoin des peuples, et en tout temps le devoir de ceux qui participent au gouvernement. C'était déjà un progrès immense, et les attaques violentes, les scandales de l'esprit de parti, relégués dans quelques feuilles publiques, ne compromettaient plus la dignité de cettre tribune. Ce calme dont nous nous félicitions tous a été troublé par le discours de l'orateur [1] que vous avez entendu dans la séance précédente. Sans doute, s'il ne s'agissait que de convaincre cette chambre, les assertions de l'honorable membre sont tellement contraires à la vérité, tellement démenties par les faits, que nous pourrions laisser à la conscience de chacun de vous le soin d'y répondre ; mais de telles incriminations, répétées par les échos de la malveillance, se propagent au loin ; l'effet peut en être fâcheux pour notre pays ; il importe que la France soit connue à l'Europe, il importe que l'arc de l'Europe

[1] M. de Labourdonnaye.

cesse d'être bandé contre la France, il importe que tous les peuples, confiants dans la réciproque sincérité de leurs intentions, puissent s'entendre enfin, et s'unir par les liens d'une paix morale non moins que par les stipulations des traités. C'est de cette condition que dépend le rétablissement du commerce et l'affermissement de la prospérité.... »

Puis, après avoir défendu la loi d'avoir livré la France à l'armée et d'avoir fait de celle-ci l'effroi de l'Europe, il ajoute, en terminant :

« Oui, notre pays a été bouleversé par de cruelles révolutions ; mais j'ose dire que c'est précisément parce que nous avons l'expérience des révolutions et de ce qu'elles font souffrir, que c'est parce que nous possédons tout ce que les changements, si impatiemment désirés il y a trente ans, pouvaient nous faire acquérir ; parce que nous avons, avec la royauté, toutes les libertés publiques au développement, à l'affermissement desquelles nous travaillons chaque jour ; que c'est par ces raisons-là même que nous avons autant et peut-être plus de garanties de notre stabilité qu'aucune des nations du monde ; nous sommes plus et mieux éprouvés ; nous avons entendu des charlatans de toute sorte ; nous avons vu l'abus des noms les plus sacrés ; les mêmes artifices ne pourront plus nous surprendre.

» Cet esprit de conservation que vous avez remarqué dans les chambres législatives, il anime la France entière. Le discernement infaillible qui, dans nos assemblées, saisit avec tant de promptitude l'intention sous le voile du prétexte est répandu dans tout le royaume. Insensé aujourd'hui qui voudrait nous ramener à des exagérations, quelles qu'elles fussent, et nous rengager de nouveau dans les voies des révolutions ! Toute maxime directement ou indirectement contraire à la royauté est, à nos yeux, un principe de révolutions ; quiconque professera de pareilles maximes, nous le réputerons révolutionnaire. Toute attaque contre les libertés consacrées, contre les intérêts garantis, est, à nos yeux, une tentative révolutionnaire, et l'auteur de cette attaque, quel qu'il soit, nous le regardons comme un instrument de révolution.

» Ainsi sont vaines, sont futiles, les craintes qu'on voudrait nous inspirer, et peut-être au reste de l'Europe. Il est de la politique, parce qu'il est du plus grand intérêt de la France, de désirer la paix extérieure. L'une et l'autre ne nous sont pas seulement utiles, elles nous sont indispensables pour cicatriser nos plaies, pour réparer nos pertes, pour affermir nos institutions, pour conserver et multiplier des biens dont nous ne faisons que commencer à jouir. Mais la paix ne dépend pas uniquement de la nation qui la désire. Sans doute, si nous sommes assez heureux pour que le ciel conserve longtemps sur les trônes de l'Europe les souverains qui les occupent, comme tous, ainsi que leurs peuples, ont été éprouvés par des revers et par de grands malheurs, la paix la plus longue est assurée. Mais, enfin, une nation comme la France ne doit point abandonner à des circonstances placées hors de son pouvoir la sécurité de ses destinées. Une nation comme la France, qui a son indépendance à maintenir, qui doit désirer des alliés par sa justice, les mériter par sa modération, les acquérir et les conserver par l'idée de sa force ; une telle nation, dis-je, ne saurait rester désarmée et laisser ses frontières ouvertes. J'ai annoncé que je n'entrerais point dans la discussion du budget de la guerre. Je me suis proposé seulement d'envisager les questions morales et politiques auxquelles donnaient lieu les reproches que n'a pas craint d'adresser à notre armée l'honorable membre à qui je réponds. Je n'ai plus qu'une réflexion à faire pour terminer : lorsque le ministre de ce département vous aura dit consciencieusement ce qu'il estime nécessaire pour notre position défensive et purement défensive, en accomplissant son devoir, il vous aura transmis sa responsabilité [1]. »

Le budget des recettes appela encore M. de Serre à la tribune pour y défendre les plans financiers du ministre des finances ; le baron Louis avait fondé le crédit public en France, en le faisant reposer, avant tout, sur le respect religieux et la ponctuelle exécution des engagements du trésor ; pour l'asseoir définitivement il voulait lui conserver l'intégralité de ses ressources, c'est-à-dire lui maintenir également ouvertes la source des impôts et celle des emprunts ; la droite, par l'organe de M. de Villèle, touchée de l'état de gêne dans lequel trois années successives de disette et la

---

[1] Discours prononcé à la Chambre des Députés, le 4 juin 1819.

double charge de l'invasion et de la libération du
territoire plaçait depuis si longtemps la propriété
foncière, inclinait, au contraire, à puiser plus largement
à la seconde qu'à la première, et proposait de dégréver
de trente-deux millions l'impôt foncier : M. de Serre
lui répondit, et lui répondit ou véritable homme du
métier. Jamais financier ou économiste n'employa des
couleurs plus vives et des images plus saisissantes pour
peindre la puissante action du crédit et son heureuse
influence sur la production de la richesse.

« Il y a, dit-il, deux choses à considérer dans l'intérêt des contribuables, ce qu'ils payent et les ressources qu'ils ont pour payer. Or, le crédit, dans un
pays où il règne, peut se comparer à un fleuve qui
verse ses eaux dans tous les canaux des industries
diverses, agricoles, commerciales ou manufacturières.
C'est alors que la multiplicité des produits et l'accroissement de la consommation enfantant, chaque jour,
des richesses nouvelles, élèvent le revenu public ;
chez un peuple où le défaut de crédit public entraîne
le défaut de crédit particulier, tous les genres d'industries sont en souffrance, et l'impôt pour un tel
peuple est intolérable, tandis qu'il devient, au contraire, facile à supporter au peuple qui, par de sages
mesures, concourt à l'affermissement du crédit public,
inséparable du crédit particulier : car, tous les intérêts
se nivellent nécessairement, et, lorsqu'on n'a pas de
confiance dans le Gouvernement, on n'en a guère
ordinairement dans les particuliers [1]. »

[1] Discours prononcé à la Chambre des Députés, le 2 juillet 1819.

La session se termina par l'adoption de la loi abolitive du droit d'aubaine ; **M.** de Serre eut ainsi la gloire de faire disparaître de notre code civil ces dernières traces d'un droit qui regarde, hors du territoire de sa patrie, l'étranger comme un ennemi, et d'appeler le monde entier à rompre définitivement, à l'exemple de la France, avec les maximes de l'égoïsme et de la barbarie, en proclamant une fois de plus les principes de l'éternelle équité [1].

Le ministère avait franchi, sans en être ébranlé, les embarras que venaient de jeter dans sa marche les pétitions pour le rappel des bannis ; néanmoins, les débats, qu'elles avaient soulevés et dans le cours desquels on s'était plus d'une fois échangé de vives interpellations, avaient laissé de l'aigreur au fond de quelques esprits ; il était donc à craindre que, sous l'influence des passions que le renouvellement d'un cinquième de la Chambre allait mettre aux prises, ce mouvement annuel des élections, n'y développa de dangereux ferments de discorde. Déjà, en se séparant, on avait pu voir les nuages s'amasser à l'horizon, et, malgré soi, les plus confiants ressentaient les vagues inquiétudes de l'inconnu. Bientôt, en effet, les orages se formèrent, et la tempête éclata par l'élection de **M.** l'abbé Grégoire : le ministère s'en émut ; peut-être, et c'était là l'opinion de **M.** Royer-Collard, s'exagérait-il les dangers de la situation : à la vérité, les élections

[1] Sur la proposition de M. le duc de Lévis, les chambres avaient voté une adresse au Roi pour demander l'abolition du droit d'aubaine.

n'avaient pas produit ce qu'on désirait, mais, à le bien prendre, elles n'avaient pas profondément changé la situation ; la droite avait perdu quelques membres et la gauche les avait gagnés, mais c'était le centre gauche qui avait le plus largement bénéficié du renouvellement, et, si l'on voulait y maintenir son point d'appui et continuer à marcher dans la voie dans laquelle on était entré avec lui, on était sûr de conserver la majorité. C'était le sentiment du marquis Dessoles, du maréchal Gouvion-Saint-Cyr et du baron Louis ; M. Decazes, M. de Serre et M. Portal ne le partageaient pas : la loi des élections avait trompé leur attente et compromettait, à leurs yeux, l'avenir ; d'une année à l'autre, on sentait, sous son action, monter le flot de la démocratie, et déjà ils prévoyaient le moment où le torrent sortirait de ses bords et submergerait la Restauration. Il fallait donc, suivant eux, la préserver du naufrage, en rompant ce torrent qui allait l'emporter, et resserrer son lit, en modifiant la loi électorale : les trois premiers ministres regrettaient, sans doute, comme leurs trois autres collègues, que cette loi n'eût pas organisé les élections de façon à les soustraire à l'influence des partis, mais ils ne pensaient pas qu'un cabinet, formé pour la maintenir, pût si tôt se résigner à la changer, et, s'il fallait y toucher, il valait mieux, pour le succès de l'entreprise, qu'elle fût tentée par d'autres mains que par celles qui semblaient plutôt destinées à la combattre, et dont le rôle serait tout au plus de se tenir à l'écart de la lutte pour laisser faire. Le désaccord avait donc pénétré dans le cabinet ; il en amena la dissolution : MM. Dessoles, Gouvion-Saint-Cyr et Louis se retirèrent ; MM. Pasquier, Latour-Maubourg et Roy prirent leur place, et la session de 1820 s'ouvrit par un discours dans lequel le Roi annonçait, tout en protestant de sa résolution de maintenir son gouvernement dans la voie constitutionnelle, qu'il serait proposé quelques changements à la loi des élections. M. de Serre, toujours ferme dans sa foi, n'entendait rien retrancher de sa doctrine, mais seulement céder aux temps ce qu'ils paraissaient exiger, et ce que lui seul, peut-être, était en mesure de leur accorder sans rien compromettre dans l'avenir. Il comptait, pour faire adopter ces changements, les comprendre dans un ensemble de projets de loi, qui achèverait l'établissement du gouvernement constitutionnel sur le sol de la France, en la mettant en pleine et entière possession de toutes les garanties promises par la Charte ou déposées en germe dans son sein.

Ce ne fut pas sans agitation que la Chambre des Députés parvint à se constituer : le département de l'Isère, qui avait élu M. l'abbé Grégoire, avait, par cette élection, enfreint la disposition de la Charte qui lui interdisait de choisir plus de la moitié de ses députés en dehors des citoyens qui y avaient leur domicile politique : le rapporteur de la Commission chargée de vérifier les pouvoirs de l'élu avait, en son nom, proposé à la Chambre d'annuler cette élection pour inobservation d'une disposition formelle de cette loi suprême de l'État ; mais la droite, qui voulait agir sur le corps électoral par une résolution énergique, dédaigna un moyen aussi simple que péremptoire, et, préférant l'arbitraire éclatant aux procédés paisibles et réguliers, accueillit de ses acclamations la proposition de M. Lainé d'annuler, pour indignité, l'élection d'un homme qui avait autrefois, non pas voté la mort de Louis XVI, mais donné une approbation posthume à sa condamnation. L'annulation de l'élection fut mise aux voix et prononcée au milieu du tumulte; toutefois, comme la Chambre ne motivait point sa résolution, il s'ensuivit que, chacun se décidant par la raison qui entrait le mieux dans ses sentiments, on ne put dire laquelle des deux causes de nullité mises en avant avait prévalu dans la délibération.

Le temps se perdit en pourparlers pour essayer de convenir d'une réforme de la loi électorale et de lui assurer une majorité dans la Chambre des Députés; on n'y parvenait pas, car M. Royer-Collard et ses amis y résistaient toujours, ou ne consentaient qu'à des changements qui ne devaient pas modifier sérieusement l'esprit de l'institution. Sur les entrefaites, M. de Serre, qui souffrait depuis longtemps du larynx, fut obligé de se condamner au silence, de quitter Paris et d'aller demander au climat plus doux de Nice sa guérison.

Mais tout à coup l'assassinat du duc de Berry précipita le cours des événements : le crime d'un individu fut attribué à un parti, on revint sur la question électorale et l'on songea aux lois d'exception.

Le même jour, M. Decazes porta à la Chambre des Pairs un projet de loi qui suspendait, pour un an, la libre publication des journaux et des écrits périodiques, à la Chambre des Députés un projet de loi sur la liberté individuelle, qui reproduisait la loi votée, dans le temps, sur le rapport de M. de Serre, et un projet de loi qui modifiait le système électoral, en divisant les colléges électoraux en colléges d'arrondissement et colléges de département. Les premiers composaient les seconds en élisant, dans ce but, des électeurs qui devaient payer mille francs d'impôt; ils leur présentaient des candidats à la députation, et les colléges de département, qui, sur ces candidats, élisaient cent soixante députés, en élisaient ensuite deux cent cinquante-huit autres directement.

Ces projets de lois furent loin d'être accueillis avec faveur par la gauche et le centre gauche; il fallait donc, pour les faire passer, le concours résolu du parti royaliste; mais M. Decazes était antipathique à la droite : il se retira donc pour laisser un champ libre au rapprochement des hommes et des partis. M. le comte Siméon le remplaça à l'intérieur : M. le duc de Richelieu, cédant à la nécessité de la situation et aux instances du Roi, accepta la présidence du Conseil sans portefeuille, et le cabinet se trouva reconstitué sans avoir été dissous.

Le projet de loi électorale rencontrait dans la commission chargée de l'examiner une opposition qui en présageait l'échec; le ministère finit par le retirer et lui en substituer un autre qui, animé du même esprit, était menacé du même sort : les électeurs du département, toujours assujettis au cens constitutionnel de trois cents francs, étaient divisés en colléges d'ar-

rondissement , qui présentaient des candidats , et
en collége départemental, formé des plus imposés
jusqu'à concurrence du cinquième du chiffre total des
électeurs ; ces électeurs spéciaux, après avoir concouru
à la présentation de candidats, nommaient les députés,
avec obligation de les choisir parmi les candidats
présentés. On le voit, le privilége avait pénétré dans
le corps électoral ; il allait s'y installer sous la double
forme du classement à raison de la fortune et du
double vote, et y amener avec lui l'antagonisme et
l'hostilité. Ici les doctrinaires se divisaient pour le
repousser avec M. Royer-Collard , ou l'admettre
avec M. de Serre. Les débats furent vifs, animés,
orageux ; on y préluda par des rencontres au sujet
du rapport des pétitions qui demandaient le maintien de la loi électorale ; on les engagea, d'abord ,
dans les anxiétés qu'éveillaient même dans les âmes
les plus calmes la gravité de la situation et les
passions qui fermentaient dans les parties extrêmes
de l'assemblée ; mais on fut souvent obligé de les
interrompre pour vider les interpellations qui s'échan-
geaient entre la gauche et les ministres, au sujet des
attroupements dont le Palais-Bourbon était, pendant
le cours des séances, sans cesse entouré, et jusqu'au
jour où furent tranchées les questions capitales de
la loi, ces discussions durent se poursuivre entre les
troubles de la rue, les excitations de la presse et les
agitations intérieures de la Chambre. M. de Serre, de
cette retraite lointaine où il était allé chercher la guérison dans le silence et le repos, avait le sentiment

des dangers de la situation ; de l'œil et de l'orcille, il suivait les progrès de la crise et la marche des événements : informé de l'imminence du péril, en dépit du mal qui lui interdisait encore le travail, et n'écoutant que son courage et son dévouement, il accourt sur la brèche pour prendre part à la lutte. Du moment qu'il eut franchi le seuil de la Chambre, en relevant M. Lainé et M. Pasquier, qui la soutenaient tous deux avec autant d'énergie que de résosolution, l'un comme rapporteur du projet de loi, l'autre comme ministre, il s'empara du premier rôle, et tout le poids de la discussion porta sur lui. Les hommes l'avaient voulu, sans doute aussi Dieu le permettait, l'instant décisif était enfin venu pour toutes choses et pour tout le monde, pour la Chambre, pour les partis et pour M. de Serre, pour la loi électorale et pour la Restauration. C'étaient donc les destinées de la dynastie qui s'agitaient dans cette lutte, et c'était M. de Serre qui était son champion : mais il n'allait plus y rencontrer ni les mêmes alliés, ni les mêmes adversaires ; il fallait, pour trouver ceux qui l'attendaient, qu'il se tournât d'un autre côté, rompît avec ses anciens amis et prît, comme auxiliaire, pour les combattre, ces hommes intraitables qu'il avait jusqu'alors combattus. Chose grave et singulière, c'était la Révolution française, presque parvenue au terme de sa course, mais mêlant toujours la crainte aux espérances qu'elle répandait sur ses pas, qui allait diviser, dans le parlement français, les amis de la liberté comme, trente ans auparavant, elle les avait, à son apparition dans le monde, divisés dans le parlement anglais, et amener M. de Serre à se séparer de M. Royer-Collard comme Burke s'était séparé de Fox; la rupture de 1820 fut peut-être moins dramatique que celle de 1791, parce qu'elle fut plus lente à se produire et qu'elle ne se manifesta point par un coup d'éclat; mais elle ne fut pas moins profonde et moins funeste; les personnages qu'elle engageait encore une fois dans la lutte ne le cédaient en rien aux premiers; l'événement a prouvé qu'il y allait toujours du sort d'une monarchie et de l'avenir comme de la tranquillité de l'Europe.

Le parti de M. de Serre était pris, il le suivit avec résolution : on avait espéré, un moment, qu'il donnerait les mains à une transaction qui, en le maintenant en communication avec les deux centres, le préserverait d'une étroite et irrévocable alliance avec la droite, et qui, en conservant à la loi de 1817 ce qui en faisait le caractère principal, c'est à-dire, l'élection directe, la laisserait, sans cependant entrer dans la voie du privilége, se prêter aux exigences des conditions les plus riches de la société, en tenant compte de la différence des intérêts et des degrés de la fortune. Un instant, M. de Serre avait semblé y incliner; mais le duc de Richelieu y répugnait : la loi de 1817 avait rendu, non pas seulement le parti libéral, mais la gauche maîtresse des élections; il voyait dans son triomphe la perte de la monarchie; il voulait donc conjurer l'une, en lui disputant l'autre. Ce fut avec lui-même et avec la majorité nouvelle, sur laquelle il s'appuyait, que le ministère transigea. Il renonça au renouvellement intégral, contraire à la lettre de la Charte, et à l'élection à deux degrés dans laquelle son projet de loi assurait l'action décisive au plus imposés, et, augmentant notablement le chiffre des députés, il en faisait nommer la portion la plus considérable par des colléges d'arrondissement, et le reste par un collége départemental composé, dans une proportion déterminée, des plus imposés inscrits sur la liste d'ensemble des colléges d'arrondissement. Mais ces plus imposés voteraient-ils deux fois, dans les colléges d'arrondissement d'abord, et ensuite au collége départemental, ou une fois seulement, dans le collége spécial que la loi créerait pour eux ? A cela se résumait maintenant toute la question : il n'y avait plus là qu'un point, mais sur ce point s'établissait le privilége, et l'adoption ou le rejet du principe nouveau deviendrait le prix du combat qui allait se livrer entre les deux parties de la Chambre, entre les anciens et les nouveaux alliés de M. de Serre. Que les plus imposés ne votassent qu'une fois, le centre gauche et peut-être la gauche acceptaient la loi, et la paix était faite ; mais s'il fallait leur concéder le privilége du double vote, on en venait aux mains, et l'électorat, marqué définitivement du sceau du privilége ou de celui de l'égalité, irait où les chances du combat feraient aller la majorité.

La question posée une dernière fois dans ces termes absolus, M. de Serre monta à la tribune pour répondre à l'orateur dont la parole avait, depuis l'ouverture de la discussion, paru avoir le plus d'action sur la portion flottante de l'assemblée, à M. Camille Jordan, son ancien ami : la tribune était la même, mais les choses avaient changé ; jusque-là il n'avait eu à attaquer qu'en se défendant, maintenant il lui fallait se défendre en attaquant : ses nouveaux alliés éloignaient de lui plus d'un des anciens ; il fallait donc parler de manière à ramener le plus grand nombre possible de ceux-ci sous le drapeau, en leur montrant qu'il abritait toujours la liberté avec la monarchie, et les entraîner à sa suite après les avoir rassurés ; il fallait être tout à la fois insinuant et agressif, modéré et ferme, prendre une autre attitude et une autre manière, en ayant l'air de se poser et de dire comme autrefois ; mettre sur le compte des circonstances et des événements ce qu'on attribuait au changement de principes et au souci des situations, et montrer que, loin de renoncer à sa foi, on lui était resté fidèle. D'un mot, il répond, d'abord au reproche un peu contradictoire qu'on adresse au ministère de manquer de franchise et d'impartialité dans sa conduite, que, depuis qu'il est aux affaires, il a toujours donné la préférence aux partis les plus nets et les plus décidés, et à celui d'avoir déserté les intérêts de la société nouvelle pour embrasser exclusivement ceux de la société ancienne que, quels que soient ceux qui se portent aujourd'hui ses défenseurs et quoi qu'ils aient fait pour ces intérêts, qu'ils croient menacés, il a droit de leur dire qu'ils n'ont pas, cependant, fait plus que les ministres. Mais ces reproches sont des accusations banales ; ils ne sont pas nouveaux ; dans tous les temps et dans tous les partis, ils ont été à l'usage des sectateurs exagérés de leurs doctrines, et il s'est toujours trouvé des hommes qui, lorsqu'on était arrivé au but qu'indiquait la sagesse, voulaient qu'on le dépassât pour porter plus loin ses conquêtes :

« Ce qui se passe aujourd'hui, dit-il, n'est pas tout à fait nouveau. Dans les premiers temps de la Révolution, les hommes du jour dirent aux hommes de la veille : Vous n'êtes pas nationaux, retirez-vous ! Bientôt vinrent des hommes du lendemain, et par d'aussi bonnes raisons, ils éloignèrent les hommes du jour pour être bientôt après chassés eux-mêmes par de nouveaux venus. Tous les intérêts légitimes se trouvant alors en dehors de la représentation, les assemblées ne parurent maintenir leur autorité qu'en foulant aux pieds tous les droits, qu'en spoliant tous les propriétaires, qu'en opprimant tout ce qui n'était pas elles, tout ce qui n'était plus représenté parmi elles ; et, à mesure qu'elles s'épuraient, la violence augmentait dans leur sein ; elle finit par des carnages qui ne cessèrent que lorsque la hache du bourreau fut émoussée.

» On me dira peut-être : mais il y aura réaction, et les hommes qui d'abord auraient été exclus par la loi des élections lorsque l'opinion était égarée, reparaîtront par l'effet d'une opinion rectifiée ! Cela pourrait être, mais la question est ici dans le temps, dans ce temps où périt tout ce qu'il faut sauver. Je sais très-bien qu'après la Convention nationale, on vit une réaction pareille ; je sais très-bien qu'on en vit une semblable après les cent-jours ; mais les réactions chèrement achetées ajoutent de nouveaux et profonds malheurs aux révolutions qui les ont amenées, et portent souvent en leur sein des révolutions nouvelles [1]. »

Il examine ensuite la loi électorale en vigueur [2] et la juge par ses produits. Alors que la Chambre en était en travail, il la soupçonnait déjà de négliger certains intérêts et de ne pas assurer à tous une part égale dans la représentation : il n'a pas craint de dire ce qu'elle devait faire, ni ce qu'il en craignait. Mais l'opinion y tenait, il n'a pas voulu la lui refuser ; il s'est seulement réservé de la voir à l'œuvre ; l'expérience est faite : on sait maintenant où elle mène ; la société y rencontrerait encore une fois la révolution ; la Chambre des Pairs, qui avait d'abord voté cette loi, n'a pas tardé, en voyant quelles élections en étaient sorties, d'en demander le changement : il a fallu une promotion de soixante Pairs pour l'empêcher de renouveler les plaintes qu'elle portait contre elle, il en faudrait maintenant une de cent pour les étouffer. La faction révolutionnaire égare la portion la plus considérable en nombre du corps électoral, c'est-à-dire celle qui est la moins aisée, la moins indépendante, la moins éclairée, et la plus accessible à toutes les déceptions, tandis que par cela même l'action de sa portion la plus riche, la plus instruite, la plus intéressée à l'ordre, se trouve paralysée. « La loi qui a compté les suffrages au

---

[1] Discours prononcé à la Chambre des Députés, le 30 mai 1820.
[2] Loi du 5 février 1817.

lieu de les peser, la loi qui a admis le vote à titre égal, a créé dans la monarchie une démocratie[1]. »

On a voulu l'égalité des droits et on croit qu'elle est dans la loi du 5 février : mais, pour qu'elle y fût, il faudrait que chaque électeur concourût à l'élection du même nombre de députés ; or, dans tel département, il en élit deux tandis que dans tel autre, il en élit huit. Enfin l'égalité politique véritable en matière électorale ne consiste-t-elle pas en ce que tous les droits et tous les intérêts, depuis ceux de la monarchie, qui appartiennent à tous, jusqu'à ceux du dernier citoyen, qui n'appartiennent qu'à lui seul, soient également protégés et défendus, c'est-à-dire représentés dans la chambre élective ? Or, ils n'y seront, en réalité, également protégés et défendus qu'à la condition de l'être par une représentation spéciale et suffisante. Tous ne se ressemblent pas, et, pour être de même nature, ils n'ont pas tous la même importance, ni la même intensité : d'eux-mêmes et par la force des choses, ils se subordonnent, en se graduant.

« Ce que je vous ai dit, poursuit l'orateur, n'est pas nouveau ; c'est le langage de tous les publicistes ; c'est la leçon que nous ont donnée tous les législateurs dont l'histoire a conservé les noms ; c'est l'exemple de tous les États qui ont duré. Rousseau lui-même, créant une république qu'il nous avertit être idéale, et dont il nous déclare rudement que nous serions

[1] Discours prononcé à la Chambre des Députés, le 50 mai 1820.

indignes , établit formellement , dans son Contrat
social, que l'égalité ne consiste nullement dans l'égalité
des suffrages et du pouvoir entre les citoyens, et
qu'une prépondérance marquée doit être accordée aux
plus riches. Aussi avec quelle complaisance développe-
t-il ce qu'avaient fait, sous ce rapport, les fondateurs
de Rome. Je sais bien qu'on a rappelé ce mot d'un
historien, que Servius Tullius avait admirablement
trompé les Romains ; il les avait trompés , comme
Lycurgue trompa Sparte , tous deux en assurant à
leur patrie des siècles de vertu, de puissance et de
gloire.

» Cependant des exemples aussi imposants, aussi
universels, cette loi de hiérarchie, de gradation, de
subordination qui se rencontre dans tous les ouvrages
de la nature , et qui est gravée dans le cœur de
l'homme lui-même, tout cela a été rejeté avec une
sorte de dédain. Savez-vous , nous dit-on , ce que
l'avenir réserve au monde ? Nous découvrons une
société nouvelle qui n'a rien de commun avec le
passé ; et n'est-ce pas du système féodal que sont
sorties les républiques fédérées des États-Unis ?
Messieurs, quiconque étudiera l'art de gouverner dans
le cœur humain autant que dans l'histoire, trouvera
toujours cet art soumis aux mêmes règles, dérivant
des mêmes besoins et des mêmes passions. Pour
moi, je regarde attentivement autour de moi, et re-
trouve partout le vieil homme et ses vieux péchés.

» Ces lois, communes à tous les temps, à tous les
pays, à tous les peuples qui ont duré ; ces lois, contre

lesquelles, et je pourrais reprendre notre propre expérience depuis trente ans, contre lesquelles nous n'avons jamais péché impunément, régiront les sociétés futures comme elles ont, pendant six mille ans, régi les sociétés anciennes ; elles les régiront jusqu'à ce que le cœur de l'homme soit changé.

» Je recule donc devant ces doctrines hardies ; je ne consens pas à lancer ainsi les destinées de mon pays dans le vide de l'espace, et je réclame à la fois et des conseils plus prudents, et des guides plus circonspects [1]. »

Que faut-il donc faire ? Tenir compte de l'expérience, prêter l'oreille à la raison pour revenir à la nature des choses ; on sait que, s'il est parmi nous des temps où la liberté est une corde détendue, celle de l'égalité y est toujours frémissante : pour qu'il y ait harmonie et sécurité dans la société, il faut les mettre d'accord en leur donnant des organes dans toutes les conditions, en assurant une place à tous dans une chambre où tous les droits et tous les intérêts doivent être représentés.

« Le Gouvernement donc ne repousse aucun appui, dit le ministre en passant ainsi de l'idée à l'action ; il accepte quiconque veut l'aider à gouverner dans les bornes de la modération et de la justice. Ceci, Messieurs, découle de la nécessité ; il y a eu des temps et des pays où un parti était assez nombreux pour asservir toute une nation, et alors le gouver-

---

[1] Discours prononcé à la Chambre des Députés, le 30 mai 1820.

nement a pu se placer dans ce parti. Ce temps n'est point heureusement parmi nous. Le triomphe d'un parti funeste au pays ne tarderait pas à l'être à ce parti lui-même ; mais il faut bien le dire, nous sommes tous français ! Il n'y a, il ne doit y avoir d'exclusion, d'exhérédation pour personne ; car ne vous y trompez pas, on commence par exclure et l'on finit toujours par proscrire [1]. »

Venant enfin aux propositions du ministère, il les explique brièvement : il conserve l'élection directe à laquelle paraissaient tenir tant de graves esprits ; il augmente le nombre des députés, en cela il ne saurait déplaire au parti libéral qui l'a autrefois demandé ; il substituerait le renouvellement intégral au renouvellement par cinquième que ce parti n'aurait pas encore le droit de s'en plaindre, puisqu'à la même époque, il y avait vu aussi une garantie qu'il avait réclamée. Enfin, il demande que la loi confie l'élection de cet accroissement de la Chambre à des colléges composés de la partie la plus indépendante, la plus éclairée et, par cela même, la plus propre à maintenir, par l'esprit qui présidera à ses choix, l'entente et l'harmonie entre le pouvoir électif et les autres grands pouvoirs de l'État. Qu'il en soit ainsi, et la Chambre possédera, dans son sein, des députés qui pourront défendre les intérêts menacés et combattre les factions sans courir le risque d'être discrédités auprès de ceux qui les auront élus ; la France sera dotée de ce

---

[1] Discours prononcé à la Chambre des Députés, le 30 mai 1820.

large et solide système de représentation, qui lui permettra de résister, sans en être ébranlée, à ce mouvement révolutionnaire qui la travaille encore et qui communique ses agitations à l'Europe tout entière ; le trône et la nation , la justice et la liberté , qui doivent régner partout pour régner sûrement quelque part, auront obtenu une satisfaction qu'ils réclament impérieusement. Les chambres auront ainsi résolu, par l'heureuse conciliation de tous les intérêts, une crise qui fait le danger du moment et qu'on aggraverait au delà de tous les calculs et de toutes les proportions, en en ajournant le dénoûment.

M. de Serre touchait au terme de sa harangue ; son argumentation, où les faits habilement rappelés avaient trouvé place à côté des considérations de l'ordre le plus élevé et où respiraient, en même temps, la passion contenue par la prudence et une conviction ardente et profonde , paraissait avoir produit une vive impression sur l'assemblée ; il n'avait plus que quelques mots à ajouter pour achever d'en tirer les conclusions ; mais, épuisé par les efforts qu'il avait été obligé de faire pour soutenir une pareille lutte , et par la réaction des émotions de la tribune sur sa propre constitution , il fut sur le point de s'évanouir ; toutefois, dominant les défaillances même de la nature par l'énergie de la volonté, il rassembla ses forces et adressa à l'assemblée, d'une voix ferme , quoique à moitié éteinte , ces graves paroles, comme un appel suprême de l'homme d'État au bon sens et à la résolution des mandataires du pays.

« C'est à vous maintenant , députés de la France , à

prononcer dans votre conscience et dans l'intérêt de votre pays, inséparable de celui de la royauté. Nous croyons que vous êtes placés à ce moment décisif où vous pourrez vous élancer vers une prospérité grande et durable, ou rentrer de nouveau dans l'effroyable carrière des révolutions. Le ministère, auquel je m'honore d'appartenir, vous a présenté tous les moyens que sa conscience et son dévouement au Roi et au pays pouvaient lui suggérer pour sortir de cette crise difficile.... Le gouvernement ne vous a point abandonnés, ne vous abandonnez pas vous-mêmes[1]. »

Ce discours exerça sur la discussion une action à laquelle, d'avance, on n'aurait osé croire : jusqu'alors l'adoption du principe de la loi avait paru douteuse, maintenant elle était devenue possible : les partis étaient entamés, la majorité allait se reformer par d'autres combinaisons : les centres avaient laissé faire la brèche à la loi du 5 février, en consentant à la réformer ; il ne s'agissait plus que d'y faire passer le double vote ; M. Boin s'en chargea : il reprit, en y ajoutant ce vote privilégié pour les membres du collége départemental, l'amendement par lequel M. Courvoisier avait proposé de diviser le corps électoral en collége d'arrondissement et en collége départemental des plus imposés ; le ministère se rallia à cet amendement ; M. de Serre, l'annonçant à la tribune, convia la droite à le voter et proclama l'alliance du cabinet avec elle, en la remerciant du concours qu'elle commençait

---

[1] Discours prononcé à la Chambre des Députés, le 30 mai 1820.

à lui prêter. L'amendement passa à une grande majorité : il était à lui seul toute la loi ; elle passa de même. Son sort avait dépendu de l'éloquence de M. de Serre ; son triomphe était celui de l'orateur : il y resta presque enseveli. On a dit que, ramené à la chancellerie, dans un état d'épuisement extrême, de la séance où il venait d'emporter le vote de la loi, il resta longtemps morne, silencieux et comme insensible aux embrassements de sa famille et aux félicitations de ses amis ; mais que, sortant enfin de cet abattement sinistre, sous lequel son âme semblait affaissée, il prononça sur cette loi ces tristes et prophétiques paroles : « Elle donne dix années de répit aux Bourbons, dix années de prospérité à la France [1]. » Quoi ! en se dévouant pour la Restauration n'espérait-il donc pas la sauver, et ne comptait-il qu'ajourner sa chute, en s'offrant lui-même en victime aux partis pour la défendre ? Faudrait-il le croire ? On ne sait : mais dix années s'étaient à peine écoulées que ce court et fatal répit, qu'il avait si difficilement obtenu des partis, était presque abrégé par la fortune, et que le trône de Charles X, s'écroulant au bruit d'une révolution, justifiait ses pressentiments ou accomplissait sa prédiction.

Le ministère ne se contenta pas de sa victoire ; la session close, il voulut assurer son autorité sur ses nouveaux alliés, en sévissant contre les vaincus en même temps qu'il récompenserait les vainqueurs ; le duc de Richelieu ne pardonnait pas à M: Royer-Collard,

[1] Éloge de M. de Serre par M. Poulet.

à M. Camille Jordan, à M. Guizot et à M. de Barante
d'être restés fidèles à la loi du 5 février, en la défendant à la tribune ou dans les conseils; il proposa au
cabinet de leur retirer leurs fonctions de conseillers
d'État; M. de Serre et M. Pasquier combattirent la
mesure; mais elle passa, et M. de Serre contre-signa,
en sa qualité de Ministre de la justice, l'ordonnance qui la réalisait : il dut lui en coûter, après
s'être séparé de ses amis, de prêter sa main pour les
frapper, et de célébrer l'avénement de la loi nouvelle,
en immolant ceux qui n'avaient pas déserté la cause de
l'ancienne, et qui, fermes dans leur foi, n'avaient pas
voulu transiger sur les principes qu'ils avaient naguère
proclamés avec lui. La Restauration ne verrait plus les
doctrinaires sur la scène, et c'était un des leurs qui
venait les en bannir. Les ultra-royalistes recueillirent
leurs dépouilles; mais ils ne s'arrêtèrent pas là;
c'étaient ces auxiliaires, que le ministère avait appelés
à son secours, qui, en réalité, avaient vaincu; le
cabinet leur ouvrit donc ses portes : M. de Villèle,
M. Corbière et M. Lainé, qui s'efforçait d'étendre ses
bras vers la droite, bien qu'il eût ses racines dans
la gauche, y entrèrent en triomphateurs, M. de Villèle
et M. Lainé avec le titre de Ministres sans portefeuille,
M. Corbière avec celui de Ministre de l'instruction
publique. Ces deux mesures mirent le sceau à la rupture des fractions modérées du parti royaliste et du parti
libéral, du centre droit et du centre gauche, de l'esprit
ancien et de l'esprit moderne, ou, pour tout dire, par
deux noms éminents, de M. de Serre et de M. Royer-

Collard. C'était le présent et le passé qui se séparaient violemment l'un de l'autre pour ne plus se réunir dans ces idées de concession intelligente et de sage conciliation qui devaient, par l'heureuse coordination des intérêts, garantir, comme on se l'était si souvent promis, l'avenir de la monarchie et du pays. On aurait dit que, devenus ennemis parce qu'ils ne marchaient plus ensemble, ils allaient immédiatement entrer en lutte, l'un pour rétablir l'ancien régime dans tous ses priviléges, l'autre pour asseoir une seconde fois la Révolution triomphante sur des ruines. De ce jour, chaque centre se retirant sur lui-même, il n'y eut plus que deux partis extrêmes, et le vide qui se fit entre eux ouvrit l'abîme dans lequel devait bientôt s'engloutir la Restauration. On ne songea même plus à parler de rapprochement, ni de concessions. Échappés à la sujétion des ultra-royalistes, les ultra-libéraux voulaient qu'ils se soumissent à leur domination et eux-mêmes, pour ainsi dire, d'affranchis devenir maîtres : les royalistes, au contraire, étendant la main sur le pouvoir qu'ils avaient perdu, voulaient le ressaisir pour le posséder enfin sans partage. Ce fut sans colère et sans ressentiment, mais non sans une profonde douleur, que s'étaient séparés ces deux hommes qui, malgré quelques différences d'humeur et de caractère, s'étaient sentis attirés l'un vers l'autre par la conformité des principes et des convictions ; désormais, le silence, mais non l'hostilité, se fit entre eux : le dissentiment n'y amena pas la rancune ; il ne leur échappa pas une plainte : quand les temps furent changés, ils ne continrent pas tous leurs regrets ;

dans les épanchements de son exil de Naples, M. de Serre prononça plus d'une fois le nom de M. Royer-Collard, et ce fut toujours pour mêler à l'expression de cette sympathique estime, qui est l'admiration des grands cœurs pour les grands esprits, les témoignages d'une vive affection. Un jour, lorsque M. de Serre n'était plus, son souvenir revint à la pensée de M. Royer-Collard, dans un moment où il occupait la tribune ; il rappela l'homme d'État en appuyant sa propre opinion de la sienne, mais il dut écarter son nom de ses lèvres pour rester maître de son émotion [1].

L'intervalle qui sépara la session, dans laquelle venaient de s'accomplir ces changements profonds dans la législation électorale, de la session sur laquelle ils devaient faire sentir, d'une façon décisive, leur influence, en modifiant la composition de la Chambre des Députés, fut rempli par des événements qui agirent, dans des sens différents, sur les esprits. La conspiration militaire du 20 juin 1820, que des révélations firent avorter, à la veille d'éclater, apporta de nouveaux griefs au parti royaliste et au ministère contre le parti libéral et contre la Révolution ; la naissance de M. le duc de Bordeaux leur rendit les espérances que leur avait fait perdre la mort de M. le duc de Berry. Quant aux élections qu'avait amenées l'exécution de la nouvelle loi électorale, si elles mirent le comble à la joie de la droite, à laquelle elles don-

---

[1] Séance de la Chambre des Députés, du 13 juin 1826, discours de M. Royer-Collard sur le dégrèvement de l'impôt foncier.

naient ou conservaient la majorité dans la Chambre, elles éveillèrent les inquiétudes du cabinet, qu'elles plaçaient sous sa tutelle et laissaient à sa discrétion. C'est sous l'influence de ces sentiments opposés et des vagues conjectures, qui naissaient de l'inconnu, que s'ouvrit la session de 1821 : la Chambre et le ministère allaient s'y essayer ; l'une répondit en grondant aux avances de l'autre, et il fallut mettre en jeu toutes les habiletés de la tactique parlementaire pour conjurer le vote d'une adresse, où la mauvaise volonté et la défiance pour les ministres perceraient sous les protestations de dévouement pour le souverain. Les chefs du parti, plus circonspects parce qu'ils avaient plus d'expérience, continrent son impatience et son zèle : ils ne voulaient pas que cette chambre, à moitié renouvelée, donnât, en naissant, la mort au ministère à qui elle devait la vie. La gauche, que les dernières élections avaient, en réalité, réduite, en la laissant, pour le nombre, bien loin de la droite, et qui allait, jointe à une partie du centre gauche, prendre l'attitude et jouer le rôle de l'opposition, en avait conçu un vif et amer dépit. Elle ne pouvait pardonner à M. de Serre, qu'elle avait longtemps soutenu de son concours et souvent encouragé de ses applaudissements, d'avoir changé de parti, d'amis et d'alliés. Elle avait vu les événements sans en tenir compte, et, plus d'une fois, quelques-uns des siens y avaient mis la main, tout en en déclinant la responsabilité. Penser autrement qu'elle, c'était errer ; agir contrairement à ses vues, c'était trahir le pays et la liberté. Aussi ne ménageait-elle au ministre en butte à ses rancunes ni les reproches ni les accusations. A l'entendre, il avait déserté la cause de la révolution pour embrasser celle de l'ancien régime : quand il n'avait pas, par sa parole, renié sa foi, il avait, par sa conduite, démenti ses principes. Pour le châtier d'avoir manqué à la justice et à lui-même, le général Foy, l'interpellant avec une véhémence plus que chevaleresque, le condamnait à baisser les yeux, en passant, au seuil du Palais-Bourbon, devant les statues de L'Hôpital et de d'Aguesseau. En homme sûr de lui-même, convaincu de la droiture de ses vues et résolu à suivre sa voie, M. de Serre avait fait tête à l'orage ; mais sa nature douce et mélancolique s'était aigrie au contact de ces débats envenimés par les passions : son patriotisme se révoltait à l'idée des soupçons qu'on élevait sur son dévouement : il n'entendait plus une critique sans en demander raison. Aux mots acerbes il répondait par des mots irrités, et ces lèvres, d'où coulaient autrefois les flots d'une éloquence douce et calme, laissaient maintenant éclater d'amères récriminations. Il traîne à la barre les téméraires qui l'accusent et leur demande compte de discours qui sentent l'anarchie ou prêchent la rébellion. Toutefois, il ne rompt pas toujours avec la prudence ; il sait encore prendre conseil des circonstances, attendre l'à-propos et observer la mesure. Injurieusement interpellé sur son passé, il apporte à la Chambre des explications qui mettent son âme sur la tribune, et qui trouvent dans la sincérité et la modération même dont elles sont empreintes l'accent propre de la dignité. « Qui pourrait, dira-t-il, se vanter d'avoir usé de la parole et de n'en avoir jamais abusé ? Ce serait l'infaillibilité [1]. » — « J'ai pu, dans les circonstances les plus difficiles, commettre des fautes, mais ce qu'on ne trouvera pas dans ma vie, c'est que j'aie poursuivi personne de ma haine ou de mon animosité. Je ne sais pas et je ne veux pas savoir si j'ai des ennemis ; ce que je sais bien, c'est que je n'ai donné à personne le droit de dire que je suis le sien [2]. »

La loi du double vote, en modifiant si profondément le personnel de la Chambre, n'y avait donc pas apporté le calme et la paix. De la droite à la gauche on n'était plus adversaires, mais ennemis ; la discussion n'était plus la controverse, mais le combat ; on ne s'écoutait pas pour se répondre, on aurait dit qu'on se mesurait des yeux pour en venir aux mains ; on tirait vanité des rappels à l'ordre et l'on bravait les avertissements. Un député, M. Syrieys de Mérinhac, eut la pensée d'apporter un remède à cet état de choses, en armant le Président de la Chambre et la Chambre elle-même du droit d'interdire la parole à l'orateur qui aurait méconnu leur double autorité, en continuant à jeter, par son langage, le trouble dans les délibérations. M. Royer-Collard, tout en déplorant le mal auquel l'auteur de la proposition cherchait à remédier, combattit sa proposition, en invoquant le principe de la

---

[1] Discours prononcé à la Chambre des Députés, le 26 janvier 1822.
[2] Discours prononcé à la Chambre des Députés, le 5 juillet 1821.

souveraineté et de l'indépendance du député '; M. de
Serre la soutint, en se prévalant de celui de la souveraineté de la Chambre. L'argumentation de l'un fut
ferme et serrée; celle de l'autre fut claire, habile
et pressante; où le premier avait impérieusement
posé sa thèse et tranché sans concession ni ménagement, l'autre éleva avec art la sienne en distinguant.
M. de Serre, loin de nier le droit du député, le
proclame; mais, en face de ce droit, il pose celui de
la Chambre qui n'est pas moindre ; l'un ne s'effacera
pas devant l'autre, mais ils se concilieront et deman-
deront à la justice et à la raison de les régler en les
coordonnant. Jamais peut-être on n'est descendu plus
avant dans les origines du droit, on n'a résolu
avec plus de netteté cette vieille question du concours
des droits et des devoirs opposés : orateur et philosophe, Cicéron n'aurait pas répandu plus d'intérêt
et de charme sur le sujet, et prêté à son langage,
pour enseigner la vérité dégagée de la controverse,
plus d'ampleur et d'élévation.

« On se fait, dit M. de Serre, je le pense, au moins,
une idée fausse du droit, toutes les fois qu'on le con-
sidère d'une manière isolée, absolue. Un tel droit n'est
pas dans la nature. Montesquieu a très-bien défini les
lois dans leur acception la plus générale, en disant
qu'elles sont les rapports des êtres entre eux. Le
droit est l'expression de ces rapports. Il est des droits

' On a observé que l'éloquence ne peut prospérer qu'avec la liberté.
(M. PORTALIS, *Éloge de l'Avocat général Séguier.*)

qui appartiennent à tous, des droits généraux, et ceux-là méritent peut-être exclusivement la dénomination pure et simple de droits. Mais il est aussi des droits particuliers et spéciaux, qui appartiennent à certaines positions, à certains individus ;. ces droits, dans tous les temps, se sont appelés priviléges, et ils sont aussi sacrés que les droits généraux, parce qu'ils sont, comme eux, nécessaires à l'existence et à la marche de la société. Nos aïeux le savaient bien, lorsque, dans leur vieux langage, ils faisaient marcher du même pied droits et franchises, priviléges et libertés. Je ne conteste pas, dans le sens que je viens de lui donner, toute l'importance du droit. Il est ce qu'il y a de plus sacré sur la terre, il est la légitimité, il est la justice, il est la vérité. Il n'est pas d'expression honorable et auguste, pour ainsi dire, qu'il ne mérite. Sans doute, si le droit ainsi entendu pouvait régner partout, il terminerait toutes les révolutions ; mais des droits de diverses natures sont constamment en présence ; ils sont souvent en guerre, et, pour sortir des révolutions, il faut nécessairement que les droits transigent ; or, ils ne transigent qu'en se reconnaissant des limites respectives..... »

» Je dis que la Chambre a le droit d'exiger le maintien de l'ordre et que les questions dont elle a prescrit ou autorisé la discussion soient discutées, en interdisant la parole au député qui s'obstine à violer constamment l'ordre ou à sortir constamment de la question ; parce que les droits se trouvant en présence et en conflit, il faut immoler de deux droits l'un, ou celui du député, ou celui de la Chambre. Il faut que la Chambre, malgré sa volonté publiquement déclarée , soit condamnée à voir l'ordre constamment troublé ou à ne pas discuter la question qu'elle s'est proposée ; ou bien il faut faire fléchir le droit du député. Eh bien ! qu'ici toutes les précautions soient prises pour empêcher que le droit du député soit sacrifié ; mais la raison d'intérêt public , celle de la liberté même, me paraît commander le sacrifice du droit du député à celui de la Chambre. Disons mieux , il n'y a pas ici de sacrifice , il y a seulement reconnaissance de la limite naturelle du droit du député ; il y a juste subordination de son droit au droit de la Chambre [1]. »

Le ministère ne demanda aux chambres, cette année, qu'une seule loi politique , c'est celle qui devait proroger d'un an la censure des journaux. M. de Serre défendit le projet de loi à la tribune ; il reconnut que le jury n'avait point failli aux attributions nouvelles que lui avaient confiées les lois de la presse et qu'il n'avait pas moins donné de gages d'une exacte et utile répression qu'autrefois les tribunaux ; mais , de même que les journaux avaient une place à part dans la presse , les lois de police devaient , suivant les temps, leur faire un sort différent. Au milieu de l'effervescence qui travaille, de nos jours, les esprits, pense l'orateur, un journal est l'étincelle qui peut, comme l'éclair , en un clin d'œil , communiquer l'incendie , d'un bout de la France à l'autre , en les enflammant tous à la fois. Il leur faudrait, pour supporter cette agitation fébrile,

---

[1] Discours prononcé à la Chambre des Députés, le 12 avril 1821.

sans se laisser aller à la révolte, ces institutions et ces mœurs politiques qui permettent aux peuples de l'Angleterre de déchaîner chez eux la licence sans craindre qu'elle y enfante le désordre.

« Les élections, dit M. de Serre, ne deviennent pas, en Angleterre, le but continuel de la presse comme des discours. On ne cherche pas, sans cesse, à agiter le peuple pour déterminer le vote des électeurs ; on le cherche d'autant moins que ce peuple jouit d'un système électoral qui garantit les sources de son parlement ; que, dans les circonstances les plus difficiles, ce parlement est toujours composé de manière à appuyer, à soutenir la couronne ; loin de lui inspirer aucune crainte, ce peuple jouit, dans ce parlement, d'une opposition animée d'un admirable esprit public, qui se réunit toujours au gouvernement, loin de l'attaquer, dans les circonstances véritablement critiques, qui n'attaque jamais que les ministres et non les bases du gouvernement lui-même dont il aspire seulement à s'emparer. Ce peuple jouit donc d'une opposition véritablement constitutionnelle, véritablement nationale. Tel est à la fois le système de l'administration, de la justice et de la police, que toute la partie supérieure de la nation, et cela sur une base très-large, est intéressée à soutenir continuellement le gouvernement. Cette aristocratie hiérarchique, dans laquelle l'influence et la considération sont héréditaires comme les patrimoines [1], et que le peuple est accoutumé à considérer

---

[1] Qu'on nous permette de placer ici un court extrait d'un dis-

comme des protecteurs, en même temps que la couronne y voit ses défenseurs, cette aristocratie n'est jamais divisée quand il s'agit de défendre le trône et les véritables intérêts de la nation, et elle n'imaginerait jamais de prêter un appui quelconque aux radicaux de son pays.

» L'Angleterre ne supporte pas seulement la licence

cours de M. Pasquier, et l'on aura une idée exacte et complète de cette organisation civile et politique de la société anglaise.

« Mais cette prétendue inégalité, qui semble à quelques-uns résulter de l'institution des majorats et qui leur paraît si choquante, est-elle donc incompatible avec la liberté, et un grand exemple contraire ne se présente-t-il pas à la pensée? Oublie-t-on qu'en Angleterre, sur cette terre qu'on se plaît souvent à nommer la terre classique de la liberté, la législation établit la plus grande inégalité dans le partage des successions ; que, dans ce pays, l'aîné est, par la loi, le possesseur de la fortune patrimoniale immobilière presque entière, tandis que les cadets n'ont guère que ce qu'ils tiennent de la munificence du père testateur. Et remarquez-le, Messieurs, là encore les mœurs sont tellement d'accord avec la législation, que partout, depuis le plus petit jusqu'au plus grand, la part des cadets se trouve le plus souvent bornée à une année des revenus du père. L'Angleterre pour cela manque-t-elle donc de liberté? Non, sans doute, et il serait même possible que c'est à cela qu'elle doit l'existence de cette foule de familles attachées non-seulement à ses biens, mais encore à la province dans laquelle ils sont situés ; et qu'est-ce qui ignore que ce sont ces familles qui fournissent à la patrie cette foule de bons citoyens remplissant partout gratuitement les fonctions les plus honorables comme les plus pénibles, juges de paix, membres du grand et du petit jury, et sous toutes les formes, comme sous tous les noms, défenseurs nés des intérêts publics. Certes, ce n'est pas dans ces détails de l'intérieur de leur gouvernement que les Anglais sont les moins heureux et les moins admirables. »

(M. PASQUIER, *Discours prononcé à la Chambre des Députés, le 29 janvier* 1819.)

des journaux ; elle supporte aussi la licence des clubs ou des sociétés politiques ; elle supporte aussi les assemblées du peuple et les orateurs qui les haranguent en plein air ; elle supporte les désordres extérieurs, parce que l'ordre intérieur, la morale, la religion, l'esprit public sont tellement forts, tellement enracinés dans le pays, qu'il résiste à tous les orages. Il se passe presque de police ; il se passe de gendarmerie et d'une armée dans l'intérieur. Veuillez, Messieurs, réfléchir sur toutes ces circonstances. Veuillez faire vous-mêmes un parallèle que je n'essayerai pas d'ébaucher ; pensez surtout à ce gouvernement dans lequel tout est ancien, tout est revêtu de ce sceau respectable de l'antiquité, dans lequel on craint de déroger à la moindre institution, au moindre usage, même dans les plus petites choses. Faites-en le parallèle avec un peuple presque complétement séparé de son passé, chez lequel son souvenir fait frémir et révolte une foule de personnes, chez lequel le gouvernement ne cherche pas dans les anciennes institutions du pays ou dans les gouvernements libres qui ont donné quelques exemples, pour vous proposer des lois et des institutions, qu'à l'instant même, on ne crie au retour de l'ancien régime et à la contre-révolution. Que sera donc chez vous, dans de telles circonstances, la liberté des journaux ? Elle sera ce que vous l'avez vue au moment où vous l'avez suspendue [1]. »

La loi devait passer sans difficulté : une fois qu'il

___

[1] Discours prononcé à la Chambre des Députés, le 5 juillet 1821.

l'eut obtenue et que le budget fut voté, le ministère
ferma la session des Chambres. On peut douter qu'il
s'applaudît des fruits qu'elle avait portés; pour la
droite, elle s'était comptée et elle l'ajournait à la
session suivante pour le battre en brèche, s'il avait
osé durer.

M. de Villèle et M. Corbière préparèrent l'attaque en
se retirant immédiatement du cabinet, et laissèrent le
champ libre à ses adversaires, en déposant un titre qui
aurait pu encore en retenir quelques-uns.

A la session de 1822, les choses marchèrent rapide-
ment ; le discours de la couronne avait été prudent et
réservé ; il avait, néanmoins, témoigné de la confiance
et promis sur la presse une loi qui lui paraissait nécessaire et qui ne devait point trouver le côté droit rebelle.
La Chambre ne rendit pas au Gouvernement la pareille;
son adresse, votée à une grande majorité, fut si agressive que le Roi la reçut sans solennité, et sans vouloir
ni l'entendre, ni la lire. Il fallait donc aviser des deux
côtés ; mais le ministère tenait à dégager au plus vite
sa parole au sujet de la presse : M. de Serre apporta
donc à la Chambre des Députés deux projets de loi,
l'un pour modifier le régime répressif institué par les
lois de 1819, l'autre pour proroger la censure des
journaux. Dans la hâte d'en finir qu'éprouvaient les
partis, la lutte s'engagea sur la priorité à régler entre
ces deux projets pour la discussion ; le ministère succomba dans ce premier engagement ; il succomba
encore dans celui qui s'ouvrit, quelques jours après,
dans les bureaux, pour la nomination des commissaires

chargés d'examiner le projet de loi relatif à la répression des délits de la presse. Ce n'est, sans doute, pas la sévérité que la droite voulait y reprendre, car, si elle l'amenda plus tard, ce ne fut point pour rendre la loi future plus indulgente ; pour nous, si nous cherchons dans l'exposé des motifs de ce projet de loi, la portée politique et le talent, nous y trouverons l'un et l'autre attestés par la profonde empreinte que M. de Serre déposait dans toutes ses œuvres : la dernière ne pâlit pas devant celles qui l'ont précédée ; on y lit des pages qui sont des plus fermes qu'il ait écrites, et qui méritent de rester dans la langue à côté des plus belles que les maîtres y aient laissées. Il s'y montre ce qu'il a été et ce qu'il est encore, toujours fidèle aux principes qu'il n'a cessé de prêcher et à lui-même. A ses yeux, ils n'ont point souffert de la contradiction qu'ils rencontrent encore dans les partis, ni des appréhensions qu'une expérience, trop courte pour être concluante, a pu faire concevoir de leur application. Il maintient la juridiction, si controversée, du jury ; il la maintient parce qu'elle n'a pas, depuis la promulgation des lois de 1819, été moins favorable à la répression que ne l'avait été celle des tribunaux ; il la maintient parce qu'elle est de l'essence du gouvernement représentatif et une garantie constitutionnelle de la liberté. Au fond, quelle que soit son importance, le projet de loi se réduit à aggraver, pour les rendre plus efficaces, les pénalités édictées par les lois de 1819, et à remplir, en élargissant les anciennes définitions ou en créant quelques délits nouveaux, les lacunes que la pratique y avait révélées.

Dans son exposé des motifs, M. de Serre revient encore, pour justifier les modifications qu'il propose d'introduire dans la législation existante, sur le parallèle qu'il avait déjà tracé, dans une précédente discussion, des mœurs et des institutions politiques de la France et de l'Angleterre; il va plus loin dans ses rapprochements, et faisant, cette fois, entrer dans son cadre les États-Unis, qui ont, par ces divers côtés, tant de rapports ou de traits de ressemblance avec la France et l'Angleterre, il trace de la vie politique de ces diverses sociétés et de l'action que la presse y exerce par son intervention quotidienne, un tableau que ne désavouerait pas des maîtres comme Montesquieu, de Tocqueville ou Macaulay; il faut le montrer ici, car c'est le dernier, hélas! que nous aurons à placer sous vos yeux.

« Supposez, dit-il, une population naturellement calme et froide, disséminée sur un vaste territoire, cernée par l'Océan et le désert, absorbée par les travaux de la culture et du négoce, encore indépendante des besoins de l'esprit et des tourments de l'ambition ; divisez cette population en petits États plus ou moins démocratiques, faiblement constitués, sans distinction ni rang, et vous comprendrez que la licence des journaux y soit tolérable, qu'elle soit même un ressort utile de la démocratie, un stimulant qui arrache les citoyens isolés aux soins domestiques pour les rappeler à la discussion des grands intérêts publics.

» Supposons ailleurs un royaume où le temps a accumulé sur une haute aristocratie une influence, des dignités, des richesses et des possessions presque royales. Il faut un frein à l'orgueil des grands ; il faut leur rappeler ce qu'ils doivent au trône et au peuple, leur inculquer chaque jour que l'influence ne peut se conserver que comme elle a été acquise, par la science et le courage, par le patriotisme et la justice. Les journaux et même leur licence sont admirables pour cela. Que si vous ajoutez que cette haute aristocratie n'est point isolée dans l'État ; qu'au-dessous d'elle descendent et s'élargissent des degrés successifs ; que ces degrés sont fortement enchaînés, indissolublement soudés en une seule hiérarchie ; que tout se meut par elle, gouvernement, justice civile et criminelle, administration, police ; vous vous expliquerez comment une société ainsi constituée résiste aux agitations que souvent y excite la presse périodique ; et toutefois craignez qu'elle ne périsse par ces agitations mêmes, si son activité n'est détournée dans des entreprises qui embrasseront la presque totalité du globe.

» Que si de ces considérations vous ramenez vos regards sur vous-mêmes, sur les conditions d'existence de notre société, sur l'influence qu'ont eue dans nos révolutions les journaux libres et séditieux, sur l'épreuve récemment faite en 1819 et en 1820, enfin sur les motifs qui vous ont depuis déterminés deux fois à ajourner cette liberté, penserez-vous, Messieurs, que ces motifs ont cessé, et ne jugerez-vous pas plutôt qu'ils sont dans toute leur force ?

» Sans doute, on interpellera vos sentiments les plus généreux ; on vous conjurera de ne pas céder à d'indignes frayeurs, de ne point sacrifier les libertés publiques. Messieurs, ne décidons point par l'impatience ou l'enthousiasme les questions qui demandent tout le sang-froid des calculs politiques : affronter les périls inévitables, voilà le courage ; mais guider le vaisseau de l'État sur les écueils où déjà il a fait naufrage, serait une présomption, une témérité que n'excuseraient pas même, au moment du péril, la force et la présence d'esprit nécessaires au salut commun..... »

» Nous aussi, nous avons dans la France émue, entendu ces cris d'ivresse : « Hier, nous étions esclaves, aujourd'hui nous sommes libres ; en un jour nous avons tout changé, nos mœurs, nos coutumes et nos lois ! » Et bientôt nous avons vu ce grand peuple chanceler et les convulsions de l'anarchie le saisir. Instruits par les malheurs de votre patrie, instruits par des malheurs presque universels, vous savez, Messieurs, les chances que lègue à l'avenir ce vertige qui détruit en peu de jours l'ouvrage de tant d'années : vous savez ce qu'il en coûte pour réédifier les fortunes publiques et privées, pour construire à la hâte un gouvernement quelconque qui les abrite ; vous savez que de toutes les œuvres, la plus difficile est d'élever pour les siècles un gouvernement libre ; que toute la sagesse humaine s'y emploierait en vain sans le secours du temps, et que le temps, jaloux, ne prend en garde que ce que lui-même a fondé [1]. »

[1] Exposé des motifs de la loi du 25 mars 1822.

Le ministère avait été suffisamment averti, il se retira ; on tenta une combinaison dans laquelle on aurait voulu faire entrer M. de Richelieu et M. de Serre en même temps que M. de Villèle et M. Corbière ; tous deux s'y refusèrent[1]. La majorité était à la droite, le cabinet devait lui appartenir : il lui resta, en effet, et il caractérisa sa politique, en se personnifiant dans M. de Villèle, M. Corbière et M. de Peyronnet.

Le nouveau Garde des Sceaux reprit le projet de loi sur la presse, en le modifiant, d'une façon radicale, de concert avec la commission de la Chambre des Députés ; ce projet de loi, en se taisant sur la juridiction à laquelle serait déférée la connaissance des délits de la presse, maintenait celle du jury ; le projet amendé y substitua celle des tribunaux ordinaires ; M. de Serre, qui avait repris sa place au centre droit, ne déserta point le principe qu'il avait fait passer dans la loi de 1819, et qu'il avait voulu faire tacitement consacrer de nouveau, en ne proposant pas, malgré les provocations des publicistes de la droite, d'y déroger ; certain, d'avance, que le jury ne devait pas la conserver, il demanda, néanmoins, à la Chambre de lui maintenir, pour le jugement de ces délits spéciaux, la préférence sur les magistrats.

M. de Serre se tut le reste de la session : il n'était plus ministre ; dans quelques mois même il ne serait

---

[1] Lettre de M. de Serre à M. de Wendel.

plus député : l'homme d'État venait de quitter les
affaires ; il ne se doutait pas que c'était pour ne plus
y rentrer. A ce moment, l'historien qui raconterait sa
vie, s'arrêterait pour se demander s'il a bien fait de
rester au ministère quand ses premiers amis en sont
sortis ; s'il a bien fait encore de se refuser à y rester
avec MM. de Villèle, Corbière et de Peyronnet, quand
les derniers en sortaient ; ou, en d'autres termes,
s'il est resté d'accord avec ses principes, avec ses
actes et avec lui-même, en s'associant successivement,
sans quitter le pouvoir, à des administrations dont
la règle de conduite et la politique étaient si opposées, et en mettant enfin un terme à ce concours.
Puisque nous avons osé tenter ce qu'il n'appar-
tiendra qu'à d'autres d'accomplir, nous espérons
ne pas être téméraire en essayant de répondre à ces
questions, et de juger peut-être implicitement l'homme
lui-même, en jugeant ses derniers actes.

Selon M. de Serre, la Révolution française était
entrée de plusieurs siècles dans le temps ; il en avait
donc de bonne heure accepté les généreuses conquêtes ; il avait laissé aux événements le soin de
déterminer la forme sous laquelle elles resteraient au
pays. Il avait reconnu la République, qui lui avait
rendu sa patrie, et fidèlement servi l'Empire qui l'avait,
dans un poste élevé, appelé au partage de son pouvoir ; il lui savait gré de ses codes autant que de
ses victoires, et lui aurait demandé de mettre un
terme à ses accroissements pour ne pas en mettre à
sa gloire. Il avait prévu sa chute sans l'appeler, et

accueilli la Restauration sans avoir osé l'espérer. Un ancien émigré pouvait avouer qu'elle ne contrariait pas toutes ses inclinations, un ami de la liberté croire qu'elle l'établirait solidement sur le sol de la France, en la faisant reposer avec elle sur une base qui s'y enfonçait plus avant encore que la Révolution, dont elle était sortie, dans le temps et dans les entrailles de la nation. Son cœur était ici d'accord avec sa raison ; il avait l'âme d'un patriote et faisait passer son pays avant les hommes ; mais, confondant dans la patrie les bienfaits dont elle est la source et le prince qui les garantit, il aimait, d'une affection égale, le Roi et la liberté, le gouvernement représentatif, qui promettait de la faire fleurir à l'ombre du trône, et la monarchie traditionnelle, qui le lui apportait pour se régénérer en même temps que la nation, et se survivre ainsi à elle-même au milieu d'une société d'où tous les priviléges avaient disparu. Cette alliance de l'antique autorité et de la récente indépendance allait être l'œuvre du sage monarque dans la personne duquel s'opérait la Restauration : appelé par le choix de ses concitoyens et par la vocation de l'intelligence et du talent à y travailler dans les conseils du pays et du prince, M. de Serre en fit sa mission et se voua sans arrière-pensée et sans réserve, avec autant de confiance et de courage que de désintéressement et de résolution, à son accomplissement : député roya- liste, mais aussi député libéral, en face d'une chambre qui rêvait le rétablissement de l'ancien régime et se précipitait dans tous les périls pour réaliser sa chimère, il n'hésita pas à se porter du côté du régime nouveau et des défenseurs que lui avait donnés la Révolution pour combattre avec eux cette entreprise téméraire : il sortit vainqueur de la lutte. Dans sa confiance et dans sa loyauté, il ne voulut rien refuser à la nation des fruits de sa victoire : il mit sans hésiter la main à l'œuvre ; nul de ceux que nous avons vus, pendant trente ans et à tant de reprises différentes, travailler à l'œuvre du gouvernement représentatif, ne porta plus haut que lui l'édifice ; mais il arriva un moment où il crut reconnaître que la royauté avait livré trop de positions à son alliée, et que la liberté tournait ses défenses contre la couronne ; il n'hésita pas plus à revenir sur ses pas qu'il n'avait hésité à avancer, et se mit à démolir une partie de ce qu'il avait élevé. Tous ceux qui avaient partagé ses premiers travaux ne consentirent pas à entreprendre avec lui les nouveaux ; il passa d'un pôle à l'autre pour trouver un point d'appui, et s'associa, pour consommer cette œuvre de réaction, à des hommes qui ne parlaient point sa langue, qui ne tendaient pas au même but et ne marchaient point par le même chemin. C'est pour eux qu'il changea les abords de la place ; en la fortifiant outre mesure, avant de s'y renfermer avec elle, ils n'ont point sauvé la Restauration. Je sais ce qu'on peut dire pour expliquer ces virements profonds qui ont marqué la conduite de M. de Serre ; il peut se faire qu'il ait reconnu qu'il avait fait livrer par la couronne trop de gages à la liberté, et qu'il crut de son honneur de

se dévouer pour l'aider à les reprendre ; que le plus
pressant c'était le péril et que, du moment que ses
amis lui refusaient leur concours, il fallait accepter
celui de ses adversaires pour le conjurer. Tout cela,
M. de Serre le pensait certainement, et, en en tenant
compte pour établir sa ligne de conduite, il agissait
de bonne foi ; on pourrait même ajouter, maintenant
que les faits sont accomplis et que l'histoire, en les
étudiant, les discute, que ce n'était pas alors trembler
devant des fantômes et des illusions que de croire
que la Restauration a marché à travers les périls jusqu'au jour où elle a succombé, et que la liberté a
usé des armes qu'elle en avait reçues pour précipiter
sa chute. Mais on répondrait que de tous ces périls les
plus grands peut-être sont sortis de ses fautes, et
que ce n'est pas la liberté qui les a tous semés sur
ses pas. Il ne faut pas plus nier le sens élevé, l'esprit
politique et le profond dévouement de M. de Serre
que son courage et sa résolution. Ce qu'il pensait nous
apprendra comment il crut devoir agir. Il savait bien,
après le sort qu'avait eu si promptement la première
Restauration, que la seconde ne pouvait en obtenir
un meilleur qu'en prenant son parti de la Révolution,
et qu'en s'appuyant sur ces classes, si puissantes par
le nombre, par les richesses et par les idées, qu'elle
avait affranchies en les mettant en pleine possession
de l'égalité civile et de la liberté politique : mais, si
elles lui apportaient de la force, la changeante mobilité
de leur esprit la dissuadait de trop y compter. Il fallait
donc gouverner avec l'opinion, mais réagir aussi sur

elle pour la conduire en l'éclairant, et si, dans les
moments difficiles, il fallait une main ferme pour la
réduire, n'était-ce pas celle qui lui avait, avec le plus
de confiance, lâché les rênes qui devait se résigner à
lui mettre le frein ? Enfin, il pouvait encore ajouter
que, quand il demandait de modifier ou de suspendre
l'exercice de certains droits ou de certaines garanties,
il ne songeait, en aucune façon, à en détruire le
principe ou à les faire disparaître des institutions :
ces lois restrictives ne devaient avoir qu'un temps ;
la liberté restait la règle ; à jour fixe, elle aurait repris
son empire, si l'on n'avait renouvelé l'exception. Le
cens électoral de trois cents francs, consacré par la
Charte, restait toujours le cens normal ; il n'y touchait
pas, il agençait seulement d'une manière nouvelle les
procédés électoraux pour permettre à tous les intérêts
d'agir sur l'élection et de participer ainsi aux avantages de la représentation. Le régime de la presse
restait ce qu'il l'avait fait par les lois dont il l'avait
doté en 1819 ; seulement des lois nouvelles le com-
plétaient, en réprimant des actes dont la liberté de
la presse elle-même aurait réclamé le châtiment ; il
fallait bien reconnaître qu'au lendemain de son affran
chissement, elle s'était jetée dans la licence, et qu'il
était devenu nécessaire que la censure lui imposât
un frein passager pour permettre au temps de ramener, à la faveur d'un silence salutaire, le calme dans
les esprits. Il ne s'était pas plus défié de la justice
qu'il n'avait fait violence à la véritable liberté : il
avait voilé leurs statues pour qu'elles ne fussent té-

moins ni de la licence ni de l'arbitraire pendant le court interrègne d'une dictature commandée par le salut public, et il rouvrirait le sanctuaire, au jour prochain, où il ne serait plus un lieu d'asile pour les ennemis de l'ordre quels qu'ils fussent. Le mobile de M. de Serre, quand il restait au pouvoir sans les amis avec lesquels il y était entré, et y installait avec lui les adversaires qu'il avait jusqu'alors combattus, était donc le dévouement. Tel est le langage qu'il eût probablement tenu, s'il eût voulu lui-même expliquer sa politique et sa conduite. Sans doute, son âme n'était pas étrangère à l'ambition, mais celle à laquelle il l'avait ouverte n'était pas cette ambition vulgaire qui fait alliance avec l'orgueil et la cupidité, qui n'estime l'autorité qu'à raison des profits qu'en recueillent les intérêts ou des satisfactions qu'elle procure à la vanité, et qui ne croit la posséder que lorsqu'elle empêche les autres d'y atteindre ou leur en fait sentir le poids; mais cette noble et généreuse ambition qui fait, dans l'intimité du cœur, un pacte avec la passion du bien et l'amour de la gloire ; qui ne recule, dans l'accomplissement de la tâche qu'elle s'impose, devant d'autre sacrifice que celui de la conscience ; qui fait les hommes d'État véritables et les grands citoyens ; qu'un peuple ou un souverain aveugle et jaloux de tout ce qui s'élève méconnaissent, contiennent ou persécutent; qu'un peuple et un roi qui ont le sentiment et l'idée de la grandeur publique suscitent et encouragent; qui a donné Suger à Louis VII, le cardinal d'Amboise à Louis XII, Sully à Henri IV,

Richelieu à Louis XIII, Colbert à Louis XIV, Fox, Pitt, Canning, et Robert Peel à l'Angleterre. Cette ardeur qui est aussi pure que celle de la vertu, M. de Serre l'a ressentie, et peut-être même faut-il dire qu'elle a consumé sa vie, mais, en faisant germer dans son esprit la pensée de si grandes choses, en lui donnant le courage de les entreprendre et en animant son éloquence de si généreuses inspirations, elle l'a peut-être fait trop présumer de la maturité de la raison publique et ne l'a peut-être pas, en tout cas, empêché lui-même de faillir [1].

Dans la révolution qui venait de changer la face de l'Europe, la Restauration avait succédé à l'Empire ; non-seulement il était permis, mais c'était un devoir, pour un ministre de ce gouvernement, de chercher à l'asseoir sur une base qui assurât son maintien, et, s'il la croyait en péril, de chercher les moyens de la sauver. Mais cette base et ces moyens n'étaient pas indifférents ; il devait les accommoder à la nature des choses : il n'avait pas à refaire la constitution de la société française, ni à choisir le moule dans lequel il la coulerait elle-même ; la Révolution l'avait fait passer par son creuset ; il en était sorti une démocratie ;

---

[1] Il a réalisé peut-être la prédiction que lui adressait le penseur allemand : « Toujours il en a coûté pour s'élever au-dessus de son temps. Votre destinée est d'éclairer le vôtre. »
(Lettre de M. Nieburth.)

« Ils (le Chancelier de L'Hôpital et son secrétaire, le Conseiller Thomasseau) expiaient tous deux dans une même disgrâce le tort d'avoir été supérieurs aux passions de leur temps. »
(M. Prosper Faugères, Du Courage civil.)

M. de Serre le savait bien ; ne se trompait-il pas lorsqu'il entreprenait de refaire l'alliage et de mêler le privilége à l'égalité pour le rendre plus ductile ? En matière d'élection, le cens de trois cents francs était donc la plus forte dose d'aristocratie que permît le tempérament d'une démocratie sortie des flancs de cette Révolution ; elle était donnée par la Charte, il fallait s'en tenir religieusement à sa prescription pour ne pas faire venir à d'autres la tentation de la modifier, à leur tour. Il pouvait diviser le collége électoral de département en colléges d'arrondissement pour, en déplaçant ou localisant les influences, diminuer celle des partis et accroître celle du gouvernement ; mais ce qu'il ne pouvait tenter sans soulever contre lui l'opinion et blesser la nation dans ses sentiments les plus intimes, c'était de partager les électeurs suivant la fortune, et, changeant le droit en faveur, de doubler celui du plus riche en l'appelant à voter deux fois. En l'entreprenant, il rencontrait, pour adversaires, les intérêts et les préjugés, et il courait le risque de se mettre en lutte avec cette passion de l'égalité qui est plus forte chez une nation comme la nôtre que celle de la liberté, et d'introduire au sein du corps électoral l'antagonisme et la jalousie au lieu de la coordination et de l'entente qu'il avait rêvées. L'événement l'a fait voir : on n'en était pas à la quatrième épreuve du double vote, qu'il donnait une chambre qui n'était pas moins libérale, quoique royaliste, que celles de 1817 à 1820 ; où, grâce à l'accroissement créé par la loi du double vote, l'esprit s'était avivé par le nombre, et qui, en votant l'adresse des deux cent vingt et un , montrait, avec éclat, qu'en France , le pouvoir électif ne s'inspirerait jamais d'un autre esprit que celui de la nation.

Ainsi le double vote a été une arme impuissante dans les mains de M. de Serre ; il a fait pis que trahir ses efforts et sa résolution , il s'est retourné contre lui et il a porté une atteinte mortelle à son crédit sur l'opinion et sur le parlement.

Il eût donc mieux fait de continuer dans sa voie et d'y marcher en se servant toujours des mêmes appuis, ou, pour employer, de nouveau, sa magnifique image, d'enfermer le torrent de la démocratie dans des bords solides pour en régler le cours, au lieu d'entreprendre de l'arrêter en lui opposant des digues. On ne fait pas les sociétés à sa guise ; il faut, si l'on a reçu la mission de marcher à leur tête , les prendre comme elles sont , et se servir , pour les conduire , de la prise que vous offre leur constitution. Résolu à gouverner la France par elle-même, il devait la gouverner par la démocratie pour les diriger ainsi l'une et l'autre. Il n'y eût rien eu là de trop hardi ni de téméraire ; car la démocratie en France , au temps où était venu M. de Serre, ce n'était ni ce que la démagogie a depuis appelé le peuple véritable pour l'égarer en le flattant, ces classes déshéritées de tout, que, par un caprice inconciliable avec la suprême intelligence, la Providence, en les condamnant à toutes les privations, aurait exclusivement douées du sens politique ; ni même ces classes moyennes que la Révolution avait constituées, en les émancipant, et dans les mains desquelles reposaient , avec les lu-

mières et la plus grande partie du sol, les instruments
du travail et les germes féconds de la richesse, l'industrie, le commerce et les capitaux ; c'était donc tout
le monde et toutes les classes sans exception ; c'étaient,
enfin, s'il s'agissait de les appeler, à un titre quelconque, au maniement des affaires, tous ceux qui
avaient reçu, de l'éducation ou du temps, le souffle de
l'esprit nouveau et qui, à l'exemple de M. de Serre et
de ses amis, savaient l'assujettir au sage tempérament
de la raison pour en contenir l'ardeur, et le mesurer
aux besoins des temps pour n'amener le dépérissement
d'aucun intérêt. La première erreur de M. de Serre est
donc, ayant nettement discerné le but auquel il fallait
tendre, de n'avoir pas suivi la seule voie qui pût l'y
faire arriver.

Mais admettons, s'il le faut, qu'au lendemain du jour
où ses premiers amis et lui venaient d'installer l'égalité
au sein du corps électoral de chaque département, par
l'institution de l'élection directe et du collége unique,
il eût reconnu qu'ils s'étaient trompés, qu'ils avaient
trop présumé de la sagesse et des lumières de la nation,
comme de l'État et des dispositions des partis, et qu'il
fallait en revenir, pour gouverner la France, aux procédés qu'il avait, l'un des premiers, naguère si rudement
répudiés, était-il convenable que, sur-le-champ, il se
chargeât lui-même de les employer ? Il était donc plus
courageux que prudent, après avoir engagé la partie,
de jouer ainsi son propre crédit pour la gagner : tous
les dévouements ne sont pas profitables ; il faut qu'ils
soient opportuns pour porter leurs fruits. Décius

n'aurait pu sauver la république romaine en se précipi-
tant dans l'abîme chaque fois qu'elle eût été en péril. Ce
n'est qu'après avoir lutté toute sa vie contre la réforme
électorale que le duc de Wellington s'est résigné à la
donner à l'Angleterre, pour assurer à son parti le mérite
de cette sage mesure et la renfermer dans de certaines
limites ; ce n'est qu'après l'avoir longtemps repoussé
que sir Robert Peel a consenti à devenir le patron du
libre échange et à faire passer sous son régime l'industrie de son pays : ils ont l'un et l'autre choisi, pour
les produire, le moment où ces deux grandes réformes
allaient faire leur avénement : les torys et les whigs leur
ont su gré, les uns d'en avoir ménagé l'honneur à leur
parti, les autres d'en avoir doté leur pays. Pour accepter
le privilége des mains de l'homme d'État qui venait
d'asseoir l'égalité, et en recevoir les lois d'exception en
remplacement de celles dans lesquelles il avait consacré
les garanties de la liberté, il aurait fallu croire à sa
sagesse plus encore qu'à sa vertu ; c'était trop tôt et
trop vite changer d'opinion et de conduite ; quand, d'un
jour à l'autre, on modifie ainsi sa manière de voir, on
peut être de bonne foi, mais on ne saurait affirmer
qu'on ait bien vu, et, si, la veille ou le lendemain, il y
a erreur, on n'est pas sûr du jour où il faut la placer.
On serait absous devant la postérité, si, le char de
l'État n'ayant pas d'autre guide, on avait essayé, au
risque de le renverser, de le faire revenir sur ses pas
pour l'empêcher d'aboutir à l'abîme ; mais ici il ne
manquait pas de pilotes qui avaient signalé les écueils,
et qui n'auraient pas mieux demandé que de prendre le

gouvernail pour faire voile vers un autre horizon. Le plus sage et le plus commode était donc de le leur remettre et d'attendre, les bras croisés, les résultats de la nouvelle manœuvre ; si le navire gagnait le port, on se serait applaudi d'une abnégation de laquelle serait venu peut-être le salut ; si l'on avait, au contraire, couru vers les orages, on pouvait être cet homme que la Providence tenait en réserve pour les conjurer et qui, fort de la confiance qu'inspirent à tous l'habileté et l'expérience, aurait dominé la tempête, en associant à ses efforts ceux d'un équipage qui n'aurait plus songé à contester son autorité.

L'événement, ce semble, a montré qu'il n'y avait pas alors d'autres calculs à faire, d'autre résolution à prendre, et puisqu'en suivant une autre ligne on n'a pas sauvé la Restauration, en ne déviant pas soi-même de celle qu'on avait d'abord adoptée, on pouvait venir à temps pour l'y ramener et l'empêcher de se perdre.

Hélas ! c'est de presque tous les partis, ou au moins d'un grand nombre de leurs adhérents, qu'on peut dire, en France, qu'ils n'ont rien appris et rien oublié. La droite fut ingrate envers M. de Serre, qu'elle abandonna aussitôt qu'il l'eut aidée à arriver au pouvoir ; elle fut surtout aveugle, en se séparant du seul homme, peut-être, qui pût faire prendre racine à la Restauration dans le sol de la France, et conserver au parti royaliste la seule chose qui pût servir au naufrage de l'ancien régime, la dynastie des Bourbons. La gauche ne fit preuve ni de plus de lumières ni de plus de reconnaissance, car elle oublia qu'il l'avait, de préférence, portée la première au pouvoir, et ne comprit point qu'il ne l'en écartait, dans un moment où elle voulait marcher trop vite, que pour l'y ramener quand elle aurait modéré son pas et réglé son allure. Il lui sembla que lui résister en quelque chose c'était la combattre en tout, et qu'hésiter à la suivre vers une extrémité, c'était rétrograder vers l'autre. Elle ne put s'imaginer que, les temps changeant, M. de Serre pût modifier son langage; elle taxa sa prudence d'apostasie et de trahison ; elle crut qu'il abjurait, en secret, le culte de la liberté, et que, désertant sa cause, il manœuvrait pour la livrer elle-même à l'ennemi. Même chez un peuple dont l'esprit est si mobile, on n'aime pas à voir aux hommes d'État la versatilité des événements. Mais M. de Serre crut que le rôle que lui assignait la situation nouvelle était de se placer entre les partis pour les retenir, et d'employer toute sa force à marquer, dans la marche des choses, un temps d'arrêt. Il s'était donc retourné, pour les combattre, contre ceux qui voulaient le dépasser, et n'avait point pensé, c'était une illusion, reculer lui-même, en allant, pour leur donner la main, jusqu'à ceux qui étaient le plus loin derrière lui. Cette action continuelle de l'homme sur les partis, pour les tenir en équilibre et faire sortir une majorité de la combinaison des influences, irrita l'opinion, et le sarcasme caractérisa par un nom cette politique alternative dans laquelle semblait résider l'habileté du Gouvernement.

Il ne manqua aux outrages de la gauche que le silence et les sourires de la droite ; car à peine quelques-uns applaudirent-ils, du bout des lèvres, aux efforts de l'homme qui se dévouait pour défendre ses intérêts dans ceux de la Restauration.

C'est ainsi que la droite et la gauche, avant d'en venir aux mains, comme d'irréconciliables ennemis, se sont disputé M. de Serre ; toutes deux lui en ont également voulu de s'être, pour ainsi dire, tour à tour donné et repris. Quant à lui, ce fut sans doute son erreur, il n'avait jamais voulu se livrer ; il était au Roi dans la Charte ; il n'entendait se retirer ni de l'un ni de l'autre, et, à tout prendre, au fond, dans son cœur, il leur est resté [1].

L'attitude de M. Royer-Collard, des doctrinaires et de ses autres amis seuls, fut ce qu'elle devait être ; ils furent tristes et sévères, mais ils ne laissèrent pas échapper une plainte. Si, au lieu de rester au pouvoir, au prix de la loi des élections, il en fut sorti avec MM. Dessoles, Gouvion-Saint-Cyr et Louis, M. de Serre l'aurait cédé à la droite et serait allé attendre, au milieu de ses amis des deux centres, le moment peu éloigné, sans doute, où, dans l'impuissance de l'exercer sans une majorité qui les aidât de son concours, ces détenteurs momentanés seraient venus, en le déposant, l'inviter à le reprendre. Il serait alors rentré aux affaires avec l'ascendant d'un caractère grandi par cette épreuve, et

[1] M. de Serre voulait l'honnêteté et la liberté, affermies l'une par l'autre, sur les ruines de son pays, dans les Bourbons régénérés par le sang de Louis XVI.

(M. de Lamartine, *Cours familier de littérature*, X° entretien, n° 27.)

l'autorité que lui auraient donnée sur la Chambre la confiance de la nation et l'estime des partis. Mais il en fut autrement : le jour où il les quitta, la Restauration prit charge, car les hommes qui entreprenaient de soutenir après lui l'édifice, frappés d'impuissance par leur impopularité, ne pouvaient, malgré leurs talents ou même leurs vertus, lui prêter qu'un frêle appui, et, quand ils se retirèrent à leur tour, il n'était plus là pour y porter la main et l'empêcher de s'écrouler.

Sorti du ministère, M. de Serre tomba dans l'isolement : de ces majorités si nombreuses et si compactes qui le suivaient encore naguère, il ne se retrouvait autour de lui que quelques amis, fidèles aux sentiments qu'ils lui avaient voués, mais pour la plupart déjà enrôlés, par la nécessité de se rallier à quelqu'un, sous la bannière d'un autre chef. La droite tout entière était allée à M. de Villèle ; la gauche était devenue ou plutôt était restée l'opposition : quant aux centres, ils s'étaient, suivant les affinités de chacun, fondus dans l'un ou l'autre des deux partis ; quelques membres seuls se tenaient à l'écart, regrettant le passé, osant à peine espérer dans l'avenir et votant, au jour le jour, sans s'engager ni s'abstenir.

Désormais M. de Serre s'appartenait ; c'était un devoir pour lui, dans cette conjoncture, de songer aux siens et à lui-même : sa pensée se reporta, pour un moment, vers le barreau, dont beaucoup d'événements, mais peu d'années, si l'on tenait compte de son âge, le séparaient, depuis qu'il l'avait quitté : il y avait à peine onze ans qu'il tenait encore la tête

de celui de Metz ; il semble que celui de la capitale
dût aller au-devant de l'orateur qui venait de jeter
tant d'éclat sur la tribune, et que l'homme n'avait
qu'à s'y montrer pour conquérir le premier rang : ceux
qui connaissaient le mieux le terrain le lui assuraient ;
de leurs instances M. de Serre concluait au moins
qu'il ne pourrait, nulle part, servir plus utilement les
intérêts de sa famille ; il était donc disposé à y céder.
Le Roi l'apprit et s'en émut ; sa confiance était allée
avec son inclination vers son ministre ; le ministre
y avait répondu par un dévouement que les événements avaient mis plus d'une fois à l'épreuve ; le
souverain ne s'était pas fait faute de lui témoigner
sa satisfaction, en lui conférant toutes ces distinctions
qui tenaient surtout leur prix de celui qu'il y attachait
lui-même ; il l'avait fait Comte, lui avait donné le
Cordon bleu et l'avait nommé Commandeur de la
Légion d'honneur. Il le manda près de lui, lui parla
des affaires publiques et de son regret de l'en voir
éloigné, et l'entretint de ses intérêts et de sa position ;
puis, pour donner à ses idées un autre cours sans
affecter de les détourner trop ouvertement de la pente
vers laquelle elles étaient attirées, il lui offrit une
ambassade, lui donnant à choisir entre plusieurs des
plus considérables parmi les ambassades politiques
et les ambassades de famille. Après avoir hésité
quelque temps, M. de Serre finit par céder ; il ne crut
pouvoir refuser au souverain dont il avait été le
ministre ce témoignage de déférence, et opta pour
l'ambassade de Naples, d'une part, parce que moins

qu'aucune elle l'associait à la politique du nouveau
cabinet, et que, de l'autre, il espérait que le climat
de Naples rétablirait sa santé. Avant de partir pour
son poste, il alla prendre congé du Roi : Louis XVIII
le remercia comme d'un gage d'affection de l'avoir
accepté, et lui témoigna encore une fois, en recevant
ses adieux, un égal regret de se séparer définitivement d'une politique qui avait été la sienne autant
que celle de son gouvernement, et du ministre qui
s'était dévoué tout entier à la faire prévaloir.

Au moment de quitter Paris, M. de Serre eut un
entretien avec M. de Lamartine, qui était secrétaire
de l'ambassade de Naples, et qui, se trouvant en
congé, vint ainsi le mettre au courant des révolutions
italiennes dont il allait avoir à s'occuper. Ce fut donc
un poëte qui lui remit sa charge ; il ne devait pas
tarder d'aller à Vérone chercher près d'un autre poëte,
M. de Chateaubriand, des instructions pour la gérer[1].

Mais M. de Serre n'eut pas plutôt pris possession
de son ambassade qu'il reconnut qu'en venant y chercher le repos, il y avait aussi trouvé le vide. Le pouvoir
absolu, qui dominait à Naples, n'avait d'autre politique que celle des grands états dans la sphère desquels
se mouvaient, en s'y confondant avec les leurs, ses
propres intérêts : suivre avec confiance et obéir sans
discussion ne sauraient faire naître de bien longues
ni de bien difficiles négociations. La représentation

---

[1] M. de LAMARTINE. *Cours familier de littérature.* Xe Entretien,
n° 27.

était sa grande, pour ne pas dire son unique affaire ;
du moins, dans ces circonstances, le souverain auprès
duquel il était accrédité, sa famille et, à son exemple,
les agents de son gouvernement n'omettaient rien de
ce qui pouvait plaire à l'homme ou le toucher, en
témoignant une profonde estime pour son caractère
et une vive admiration pour son talent. M. de Serre
pouvait être flatté de ces démonstrations, mais son
temps lui restait : il le donna d'abord à sa famille
pour laquelle, depuis bien des années, les affaires
ne lui permettaient plus, pour ainsi dire, de vivre
qu'à la dérobée. Il sortait sans peine de ses méditations
pour goûter, dans un doux et touchant abandon,
les joies innocentes de la vie domestique, et si les
envoyés d'Espagne avaient pénétré dans cet intérieur
serein, mais non bruyant, ils auraient reconnu, dans
l'époux d'une tendresse si attentive et dans le père
d'une bonté si facile, le digne ambassadeur d'un descendant d'Henri IV. Mais il n'eut pas plutôt, sous le
ciel pur de la Campanie, senti les rayons de ce soleil
qui a si souvent éveillé l'inspiration des artistes et
des poëtes, qu'il se prit de goût pour les arts et en
embrassa le culte, en se livrant en amateur passionné
à l'étude des œuvres des maîtres, sur cette terre qu'ils
semblent avoir choisie pour patrie, et qu'ils ont cou-
verte de leurs productions. Il ne quittait point les
musées et les galeries où elles sont étalées et conservées, ni même celles où elles sont offertes à ceux
qui veulent les acquérir ; il voyait, il admirait, il
achetait. Pour un instant, l'ambassade était devenue

une succursale de ces précieuses collections. Cependant, le Congrès de Vérone vint faire diversion à ces loisirs ; il se tenait trop près de lui pour qu'alors même que ses instructions ne lui en eussent pas fait une obligation, il ne regardât pas comme un devoir de bienséance d'aller y saluer les ambassadeurs ou les ministres plénipotentiaires de son propre souverain, et y présenter ses hommages aux alliés de ce roi, en accompagnant celui auprès duquel il était lui-même accrédité. Les uns et les autres lui firent un accueil dont l'orateur et l'homme d'État durent être également flattés. Lorsqu'il était engagé dans la lutte des partis par la conduite des affaires, M. Mathieu de Montmorency et M. de Chateaubriand avaient été bien plus souvent, pour lui, des adversaires que des appuis ; mais il devait peu leur en coûter de témoigner des égards à l'homme dont la politique avait succombé devant celle qu'ils servaient ; une fierté généreuse devait même, chez eux, y trouver son compte. Aussi M. de Chateaubriand, descendant des hauteurs de son propre caractère, n'épargna rien pour gagner ce vaincu ; il y réussit, et M. de Serre, entraîné par une séduction qu'il recherchait peut-être de son côté, revint à Naples non moins charmé par le politique et l'homme du monde que par le grand écrivain. L'Empereur de Russie témoignait aussi pour M. de Serre une inclination qui ne le laissa ni froid ni indifférent ; ils eurent ensemble de fréquents entretiens, et, quand ils se furent quittés, ils ne tarirent pas en éloges réciproques de leur courtoisie, des grâces de leur parole et des rares et puissantes qualités de leur esprit. De retour à son poste, M. de Serre retomba dans ces loisirs et cette inaction dont le congrès l'avait un instant tiré : le monde, cependant, ne vivait pas dans une paix profonde ; le Congrès même de Vérone en était témoin. Sur cette terre de la Péninsule italienne, où tout paraissait calme à la surface, il suffisait de prêter l'oreille pour entendre le bruit sourd du travail que les sociétés secrètes y pratiquaient dans ces sombres ventes où elles prenaient à peine le soin de se cacher. Le gouvernement des Bourbons n'y était aussi qu'à moitié affermi, et pouvait sentir parfois le sol tressaillir sous ses pas : ces symptômes n'échappèrent pas à M. de Serre ; c'étaient des signes du temps dont il avertit le gouvernement français. Mais c'était ailleurs que s'agitaient les destinées de l'Europe ; aussi n'était-ce pas sans regrets et souvent sans une amère tristesse qu'il tournait ses regards vers cette scène où naguère encore il occupait un des premiers rôles, et où, en si peu de temps, les affaires avaient pris un aspect si différent ; les hommes ardents du parti royaliste commençaient à l'entraîner, et déjà ils lui avaient fait franchir les bornes que les modérés s'étaient promis de ne pas dépasser : les fautes devenaient plus graves, les choses étaient compromises. M. de Serre se sentait donc vivement tenté de remettre la main aux affaires pour arrêter le mal ou pour le réparer. La guerre était ouverte entre le parti royaliste et le parti libéral dans la Chambre des Députés ; tout réduit qu'était celui-ci, quant au nombre, il faisait ombrage à celui-là et le gênait, en le contenant même par son attitude devenue silencieuse après l'expulsion de M. Manuel ; tout donc faisait présager une dissolution prochaine de la Chambre des Députés. C'était, pour M. de Serre, une occasion favorable de ressaisir l'influence qu'il y avait exercée ; il s'appliqua à en profiter.

Mais il avait été atteint, tout à coup, dans une des conditions de son aptitude politique, l'éligibilité ; les dégrèvements de l'impôt foncier que les chambres avaient votés lui avaient, sans qu'il eût songé à se mettre en garde contre cette surprise, ravi le cens de mille francs de contributions directes exigé par la Charte pour être éligible [1] ; il n'avait pas tardé à ressentir les effets de ce coup du hasard, en perdant, aux élections de 1822 pour le renouvellement du premier cinquième de la Chambre des Députés, son siége dans cette Chambre.

Des amis, au moment où s'était dissout le dernier cabinet dont il faisait partie, lui avaient parlé de la pairie pour rétablir une situation que cet incident rendait critique, mais il avait fermé l'oreille à leurs insinuations, et, des deux scènes où s'agitait la politique, ses vœux étaient restés à celle où plus de périls attachaient, pour tout le monde, plus d'intérêt à la lutte, et où il avait lui-même, par une action si puissante,

---

[1] Cette perte ou cette diminution accidentelle et subite du cens par le dégrèvement de l'impôt est un inconvénient du cens électoral que M. de Serre et M. Royer-Collard ont, plus d'une fois, signalé à la tribune.

fondé son crédit. Il sentait tous les embarras de cette
situation ; aussi de Naples même il se préoccupait vivement des moyens d'y porter remède. Sa correspondance
en entretient sa famille et ses amis : pendant un temps,
il donna ses soins et mit toute son activité à rétablir son
cens. Sa fortune était modeste, et il était loin de l'avoir
accrue en passant par les premières dignités de l'État ;
on est touché, ému, édifié, quand on voit à quels
calculs se livre le candidat et le chef de famille pour
satisfaire, non en apparence, mais en réalité, aux
exigences de la loi qui règle les conditions de l'éligibilité,
et pour ne pas trop diminuer les ressources de sa maison,
en immobilisant une plus forte portion de son avoir. Il
avait enfin, pour le moment, reconquis la sécurité pour
ce côté de sa situation : la dissolution de la Chambre
des Députés et les élections générales auxquelles on
devait procéder en février et en mars 1823 lui ouvraient
les moyens de la mettre à profit. A quarante années de
distance, ceux qui n'ont pas vécu dans ces temps qui
sont maintenant, pour nous, de l'histoire, s'imagineront
que ces grands colléges, qui lui devaient le jour, se
disputèrent l'honneur de l'avoir pour représentant à la
Chambre des Députés ; on voudrait le croire, mais on
est bientôt désabusé ; un seul, celui de la Moselle, se
souvint de lui et songea à l'élire ; ce fut le parti libéral
qui y produisit sa candidature, et le parti royaliste qui
la combattit ou la délaissa. Le Ministère ne resta pas
neutre : M. de Serre avait obéi aux convenances, en
l'avertissant qu'il se mettait sur les rangs et en témoignant le légitime désir que, dans cette circonstance, le

gouvernement dont il était l'agent ne contrariât point ses vues, s'il ne voulait point les servir. M. de Chateaubriand fit des vœux pour son succès ; mais M. de Villèle mit toute son habileté à le lui dérober. Les virements de la politique et l'exaspération réciproque des partis n'avaient pas fait perdre à M. de Serre, dans le département du Haut-Rhin, la situation qu'il y avait conquise par les hautes fonctions judiciaires dont il y avait été revêtu, par le rôle qu'il jouait, depuis si longtemps, dans les affaires publiques, et par l'éclat même qui en avait rejailli sur le département dont il était le représentant. Le corps électoral, travaillé là comme partout par les divisions, pouvait, cependant, lui rester fidèle, si le Gouvernement n'intervenait pas pour y empêcher l'alliance de la portion modérée des royalistes et des libéraux, dont son élection devait être le fruit ; mais ici, de même qu'elle devait le faire à Metz, l'autorité gouvernementale se montra pour conjurer leur union au moment où elle allait se former sous le patronage de l'administration locale. Le préfet du département, M. le comte de Puymaigre, qui tenait à M. de Serre par les liens d'une ancienne et étroite amitié, se rendit auprès de M. de Villèle, lui proposa la candidature de M. de Serre et lui fit part des chances qu'elle rencontrerait dans son département, si elle s'y présentait avec le concours du Gouvernement. Le ministre loua beaucoup celui dont naguère il était encore le collègue ; il témoigna même, pour sa part, un vif désir de le voir rentrer à la Chambre ; mais, à l'en croire, il redoutait les saillies de son humeur et l'indépendance de son caractère : il fallait craindre aussi de le sacrifier, en le produisant à contre-temps ; il valait mieux songer à lui pour le ménager, et, au lieu de le ramener à la Chambre des Députés, où il se compromettrait peut-être, le laisser à Naples, où il servirait mieux ses intérêts, en suivant ceux du Roi. Plus de chances s'ouvraient encore pour M. de Serre dans le département de la Moselle : au jugement d'un homme qui connaissait parfaitement le pays et qui ne tenait pas moins au gouvernement qu'à son ambassadeur à Naples, l'élection de celui-ci était probable, soit au collége d'arrondissement de Briey, soit au grand collége ; il insistait auprès de M. de Villèle pour que le Gouvernement ne courût pas le risque de s'aliéner un homme aussi considérable, en combattant son élection, et cherchât, au contraire, à se concilier son concours, en la secondant. Mais M. de Villèle, en revenant, avec ce nouvel intermédiaire, sur les louanges de M. de Serre, n'en resta pas moins inflexible : il donna, en définitive, l'exclusion à M. de Serre et fit adresser par M. Corbière des instructions au préfet de la Moselle pour combattre sa candidature aux deux colléges où elle semblait se poser. A Briey, le parti libéral soutint mollement la lutte et M. Marchand-Collin l'emporta sans peine sur M. de Serre ; il faillit en être autrement au grand collége, qui avait trois députés à nommer : les libéraux s'y comptèrent et, allant à l'homme qui avait semblé, un moment, rompre avec eux, tandis que ceux avec lesquels il avait alors paru s'allier l'abandonnaient, ils furent sur le point, en votant tous pour lui, de lui donner la majorité : il échoua ; mais, sur un total de cent quatre-vingt-dix-sept votants, un déplacement de quatre voix suffisait pour la lui assurer et lui rouvrir ce parlement vers lequel ne cessaient, depuis qu'il l'avait quitté, de se reporter tous ses vœux. Son échec fut la faute et peut-être le châtiment du parti royaliste. Quel poids eût mis dans la balance, où devaient se décider les destinées de la Restauration, l'homme qui l'avait servie avec tant de dévouement et qui avait exercé une si grande influence sur les partis en les dirigeant ? Celui qui entraînait M. de Villèle eût moins osé, s'il eût senti près de lui M. de Serre tout prêt à le contenir ou à l'arrêter ; celui qui le combattait eût moins inspiré de défiance ou de crainte, s'il l'avait compté dans ses rangs et s'il l'avait vu, de nouveau, donner la main à M. Royer-Collard pour le conduire. Un bras de plus pouvait peut-être sauver la Restauration, en l'empêchant de courir à l'abîme. Son sort aurait donc été joué sur ces quatre voix qui ont manqué, par le fait de ses partisans, à l'un des plus dévoués parmi les plus intelligents de ses conseillers pour être élu.

M. de Serre avait reçu en partage une raison puissante, mais il était en même temps doué d'une excessive sensibilité ; si, d'un coup d'œil, il voyait au fond des événements, sa pénétration ne suffisait pas pour préserver sa constitution délicate des suites de la réaction qu'ils exerçaient sur son âme. Dès le lendemain des élections, il avait pu juger la nouvelle Chambre des Députés par sa composition ; dans le triomphe de la droite il avait vu sa perte et celle du cabinet : il aurait donc pu tenir compte, pour son propre avenir, du pronostic qu'il portait sur la durée de cette Chambre dans laquelle il ne lui avait pas été permis d'entrer. Elle aurait beau se donner la septennalité, il sentait que l'esprit public et l'instinct national, avec lesquels elle se mettait en lutte, ne lui en laisseraient pas gagner le terme, et que le ministère qu'elle entraînait à sa suite, succomberait lui-même devant une opposition devenue générale. Il n'ignorait pas que la politique a, pour elle-même, ses virements et, pour les hommes d'État, ses alternatives de disgrâce et de faveur ; il ne devait donc pas lui en coûter d'attendre, car il pressentait qu'il obtiendrait, un jour qu'il ne devait pas croire éloigné, ce retour de l'opinion qui le ramènerait sur la scène, s'il voulait y jouer un rôle de nouveau, et au pouvoir, s'il voulait encore y monter. Mais son cœur s'émut de son échec plus que sa raison ; il ne put prendre froidement son parti de l'ingratitude accomplie, et il ressentit une vive douleur de l'abandon de quelques amis.

Bientôt celles du corps vinrent encore se joindre à celle-là pour l'aigrir et en recevoir peut être un accroissement mortel. Ce qui avait paru particulièrement souffrir jusque-là chez M. de Serre, c'étaient la gorge et l'ensemble des organes de la respiration ; dans ce moment, il éprouva quelques symptômes dans lesquels on ne vit d'abord qu'une forme nouvelle du mal ancien, mais non un mal nouveau, et l'on s'en tint au traitement qu'on y avait appliqué. Cependant, la maladie avait changé, en effet, et c'était le début d'une affection qui atteint souvent, sous le ciel du midi de l'Italie, les hommes qui sont nés dans les contrées les moins chaudes de notre pays. M. de Serre s'efforçait de faire diversion à toutes ces douleurs par la méditation et par l'étude ; sa pensée, qui aimait à se porter sur les sujets religieux, parut alors s'y attacher exclusivement ; Bossuet, qui avait toujours, parmi nos grands écrivains, partagé avec Montesquieu ses prédilections, ne quittait plus ses mains ; l'Histoire universelle et l'Histoire des variations, qui étaient constamment sur son bureau, revenaient sans cesse dans ses entretiens. Du reste, ce grand esprit pouvait le ramener à la politique ou l'y suivre sans lui faire quitter la religion, que les controverses du temps, comme les tendances de la droite et du ministère, introduisaient souvent dans les débats du parlement. A quelque distance qu'il fût de la tribune, l'orateur, que l'abandon des partis avait frappé de ce froid ostracisme, ne pouvait fermer l'oreille à ses échos, et d'eux-mêmes, si les provocations des journaux ne les y avaient attirés, ses yeux se seraient tournés vers elle, lorsqu'un incident de la politique y réveillait la discussion des graves intérêts pour lesquels il y avait combattu. Il recommençait à craindre pour la monarchie, en voyant les fautes du parti auquel elle s'était abandonnée ; mais maintenant qu'il n'était plus aux prises avec les hommes, il les plaignait bien plus qu'il ne les accusait. Il parlait sans rancune et sans amertume des adversaires qui l'avaient le moins ménagé, avec reconnaissance et affection des amis qui lui avaient prêté leur concours dans les luttes qu'ils avaient soutenues ensemble, même de ceux qui le lui avaient retiré et avaient renoncé à soutenir sa politique pour la combattre. Souvent le nom de M. Royer-Collard était sur ses lèvres ; c'était toujours pour louer la fermeté de son intelligence, la hauteur de ses vues, la droiture de son caractère et la sincérité de son dévouement au souverain comme à la cause du gouvernement constitutionnel ; sous les regrets qu'il donnait à une amitié qui avait fait sa gloire, il était facile d'apercevoir que les événements qui l'avaient rompue avaient été un des malheurs de sa vie, et que son cœur allait intérieurement au-devant des rapprochements qui pouvaient la renouer.

Ces retours vers le passé, tristes puisqu'ils s'éveillaient sur la terre étrangère, n'étaient pas, cependant, sans douceur, puisqu'ils étaient une trêve aux douleurs du corps et consolaient parfois celles de l'exil. Mais un événement vint tout à coup y faire une fâcheuse diversion et hâter la marche du mal en l'aggravant. M. de Serre aimait l'exercice et la promenade ; il fit en famille une excursion au Mont-Cassin : la voiture qui portait Mme de Serre et ses enfants fut renversée dans un fossé ; ceux-ci en furent quittes pour de légères contusions, mais la mère, dont la position exigeait des ménagements extrêmes, faillit perdre la vie ; grâce aux soins dont elle fut entourée, elle échappa aux suites de l'accident : il n'en fut pas de même de M. de Serre ; l'effroi, que l'événement lui avait causé, agit sur sa constitution en raison de la vive et tendre affection qu'il portait à sa femme et de la gravité du mal intérieur dont il était atteint.

Bientôt les progrès de ce mal furent tels que le malade dut renoncer aux eaux d'Ischia sur lesquelles on comptait pour le soulager et même le guérir : ses souffrances étaient continuelles et ne lui laissaient presque plus de repos ni jour ni nuit ; il les supportait avec une patience et une égalité d'âme parfaites ; les plus vives et les plus cruelles ne lui arrachaient pas une plainte. Il arriva un moment où il dut renoncer à la marche et même à quitter son appartement ; c'est à peine si on pouvait le lever quelques heures pendant la journée pour le distraire de la douleur, en lui faisant changer de position. Il lui semblait que l'air d'une grande ville comme Naples nuisait à son état ; il crut que celui de la campagne et de la mer, qu'il aimait beaucoup, lui convenait mieux et lui procurerait quelque soulagement ; son médecin le crut aussi et lui prescrivit, comme remède, un changement de lieu dans lequel il trouverait d'abord la satisfaction d'un désir : on transporta donc M. de Serre à Castellamare et on l'établit dans une résidence que le roi de Naples avait plus d'une fois gracieusement mise à sa disposition. Mais il y retrouva son mal ; tout à coup même les symptômes en devinrent si graves qu'on crut devoir appeler en consultation les meilleurs médecins de la capitale et de la cour. Ils reconnurent alors avec effroi la nature et l'état avancé de l'affection ; c'était un abcès qui s'était formé au foie et qui était parvenu à son point de maturité ; ce ne fut pas sans les plus vives appréhensions qu'ils en proposèrent l'ouverture comme l'unique moyen de con-

jurer une issue fatale et imminente de la maladie :
ils s'ajournèrent au lendemain matin pour exécuter
l'opération ; mais le mal alla plus vite que la science
qui s'efforçait de le combattre. Vers le milieu de là
journée, les symptômes prirent l'aspect le plus alar-
mant ; M. de Serre sentit lui-même que sa fin était
prochaine ; il voulut qu'on appelât ses enfants, qui
étaient restés à Naples auprès de leur mère encore
alitée par suite de ses couches, et demanda un prêtre
pour lui administrer les derniers secours de la religion : on dit que ne s'en trouvant point parmi ceux
du palais et de la ville qui parlassent la langue française, et M. de Serre ne parlant point la langue italienne
assez nettement pour soutenir, à la satisfaction de
sa conscience, cet entretien suprême, il fut obligé
de se confesser en latin : il le fit avec calme et résignation, presque en présence de ses gens et des personnes de l'ambassade qui l'avaient suivi, recueilli au
milieu d'assistants en larmes et surmontant avec
courage toutes ces épreuves de la fin, jusqu'à l'amère
douleur de fermer les yeux sur la terre étrangère et
de ne pouvoir prononcer dans la langue de sa patrie
ces dernières paroles, qui tombaient de sa bouche pour
confesser sa foi et placer ses espérances dans la
miséricorde de Dieu. Le prêtre, ému et édifié, pleu-
rait comme tout le monde, en le quittant. Ses comptes
réglés avec le Maître Souverain, M. de Serre songea à sa
femme et à ces quatre enfants, si jeunes encore et pour
qui tous les appuis seraient bien frêles après celui
que la Providence allait leur retirer ; il dicta à son

secrétaire particulier , pour les recommander à la sollicitude et à la bonté du Roi, une lettre que les circonstances, plus que toutes les paroles, devaient rendre éloquente, mais que sa bouche marqua, dans sa brève simplicité, d'une confiance touchante et d'une noble dignité. Cet effort suprême du père pour servir une dernière fois ses enfants avait épuisé ses forces ; M. de Serre n'eut pas plutôt signé sa lettre qu'il tomba dans l'abattement. La nuit survint et avec elle une agitation fébrile : il sortit de son assoupissement, mais il n'était plus lui-même ; ses enfants arrivèrent dans la désolation et lui témoignèrent leur tendresse sans qu'il pût les reconnaître : l'agitation dura encore quelques heures ; enfin, un peu avant l'arrivée du jour, survint la crise que la nature attendait pour succomber : l'abcès s'ouvrit à l'intérieur et étouffa le malade, en terminant ses souffrances. Ainsi mourut, le 21 juillet 1824, loin de la France, à la fleur de l'âge, tout près de ces jours où le char de l'État ne faisait pas un mouvement qu'il n'eût la main sur ses rênes, presque au lendemain de celui où la lutte, dans laquelle il avait voulu encore une fois engager sa destinée, lui avait fait connaître un si triste échec, exilé dans les frivoles honneurs d'une ambassade, et dans cette médiocrité de fortune qui doit être, chez tous les peuples et à toutes les époques, le principal relief et comme l'attrait particulier d'une haute vertu, l'homme qui avait eu, pendant quatre années, la part la plus décisive dans la conduite des affaires de son pays ; qui avait jeté sur la tribune

française un éclat que l'éloquence d'aucun autre
n'aurait pu y faire briller, et qui pouvait peut-être
dire, avec autant de raison que Mirabeau, qu'il em-
portait avec lui une monarchie dans la tombe. Athènes
ne célébra point, aux frais du trésor public, les fu-
nérailles d'Aristide ; mais le roi de Naples se souvint
que le comte de Serre avait été près de lui l'ambassadeur du chef de sa maison et lui en fit de dignes
de l'homme et des deux souverains. Vaines et stériles
démonstrations qui, sur la terre étrangère, acquittèrent
ce que les bienséances réclamaient de l'hospitalité,
sans réveiller au delà des mers et des monts ce sentiment national qui ne s'était pas non plus ému de
la fin de Démosthènes et de Cicéron ! Les dépouilles
de M. de Serre ne furent point étalées à la tribune,
mais ses cendres ne quittèrent point l'exil ; la renommée, semblant se hâter de perdre son souvenir, se
tut sur sa tombe, et la mémoire de l'homme qu'elle
avait délaissé, ensevelie dans l'oubli des contemporains, attendit la postérité. Louis XVIII ne fut pas
sourd, néanmoins, au suprême appel du ministre
qui l'avait servi avec tant de dévouement ; il envoya
ses consolations à cette famille que venaient d'éprouver
une suite de deuils ¹, dont le dernier et le plus cruel

¹ Dans le cours de cette seule année, Mme de Serre avait perdu,
nous apprend le *Moniteur* du 4 novembre 1824, un fils, une fille,
sa mère, deux oncles, enfin le père et la mère de M. de Serre.

Je dois, sur les dernières années de la vie de M. de Serre, et
particulièrement sur son séjour à Naples, des renseignements précieux à M. Riboulet, son secrétaire particulier ; je lui demande la
permission de lui en témoigner ici toute ma reconnaissance.

lui avait enlevé son chef, et accorda une pension de 20 000 fr. à Mme la comtesse de Serre ; l'aîné de ses fils hérita du majorat de 10 000 fr. de rente que le Roi avait précédemment conféré à son ministre.

Nous connaissons maintenant la vie de M. de Serre ; l'homme ou le citoyen et l'homme d'État, le ministre de la justice et l'orateur s'y sont peints d'eux-mêmes par leurs paroles et par leurs actions, et, si l'on voulait en tracer le portrait, il suffirait de recueillir et de rassembler les traits qu'il y a semés, en se montrant sous des aspects si divers et toujours si attachants. Étudiez M. de Serre dans la vie privée, au milieu de sa famille et de ses amis, vous le verrez, toujours plein d'âme et de dévouement, aimer les siens et sa patrie avec passion, s'oublier pour les servir et placer son bonheur dans leur satisfaction ; à peine adoles-cent, il émigre, mais, pour obéir à son père ; proscrit, il brave les lois de cette patrie, loin de laquelle il ne peut vivre, pour venir s'assoir quelques heures au foyer de ses pères ; une fois qu'il y a embrassé sa famille il ne peut plus s'en détacher, et il faut qu'une nouvelle proscription y mette sa tête en péril pour qu'il se résigne à aller chercher sa sécurité sous un autre ciel. Chez lui, le frère, l'époux, le père ne furent pas moins tendres que le fils, ni l'ami moins dévoué que le parent, et c'est au sein de ses dieux domestiques qu'il aime à jouir, dans les douceurs d'une vie simple et pleine d'abandon, des jours qu'il dérobe aux grandeurs et aux affaires, comme de ceux qu'il dérobait autrefois à l'exil. De mœurs douces, d'une humeur toujours égale, d'une distinction de manières qui aurait plus encore attiré qu'imposé, il n'y eût pas, cependant, par son entrain, éveillé la gaieté, et, s'il n'y eût été provoqué, il n'y serait pas devenu l'âme des jeux et des distractions. Pensif et rêveur, il portait partout, même dans le monde, ses habitudes de méditation. Il fallait le tirer de lui-même pour l'engager dans un entretien ; mais lorsqu'il s'y laissait aller, il n'y connaissait point de maître et répandait autour de lui la séduction. A la longue, les rudes et vifs contacts de la vie politique avaient agi sur son caractère ; à force de le contredire et de le combattre, des adversaires violents lui avaient, dans les derniers temps de sa vie militante, fait perdre la patience et la mesure ; mais, en l'irritant, ils ne l'avaient, néanmoins, jamais aigri. Au sortir d'un engagement de tribune et dans les secrets de l'intimité, l'homme, redevenu calme, donna plus d'une fois des démentis à l'orateur, car son âme avait plus soif de pardon que de représailles, et son intérieur, qui vit, en plus d'une occasion, saigner de cuisantes blessures, ne l'entendit jamais, pourtant, éclater en plaintes contre ceux qui les avaient faites.

En lui le Garde des sceaux avait procédé du magistrat : il en avait reçu l'esprit d'équité, la volonté droite et la ferme impartialité. A l'époque où le talent et la fortune, en le portant aux affaires, l'avaient préparé à l'administration de la justice dans notre pays, il y avait moins à faire pour les lois que pour leur application et, par cela même, pour le corps chargé de la procurer. A part le petit nombre de celles qui avaient été édictées, dans les différentes phases par lesquelles la France venait de passer, bien plus pour répondre aux passions du moment qu'à des besoins véritables, presque toutes, rédigées par des légistes élevés à la grande école de Domat et de Pothier, ou à celle de Dumoulin, n'avaient emprunté de la législation sous l'empire de laquelle avaient vécu nos pères que ce qui, inspiré par la droite raison, convient à toutes les sociétés, et pouvait dès lors se concilier avec les principes d'exacte justice et d'égalité libérale inaugurés en quatre-vingt-neuf, et étaient empreintes d'une sagesse que M. de Serre était un des premiers à proclamer. Ce qu'il fallait donc, après des jours où la persécution révolutionnaire et la guerre avaient moissonné ou détourné de leur voie tant d'existences vouées, par la vocation ou les exemples de la famille, au culte de la justice et des lois, où tout ce qui portait la toge ne réalisait peut-être pas l'idéal qu'on pouvait se faire d'une pareille mission, c'était de recruter, pour remplir les vides qui se produisaient dans les rangs de la magistrature, des sujets qui se recommandassent, par leur savoir et la dignité de leur caractère, à la confiance et au respect des justiciables ; c'était ensuite de leur communiquer une direction qui, en animant chaque agent du zèle de la loi et en garantissant avec une égale sollicitude le maintien et la protection de tous les droits et de tous les intérêts, de ceux de l'État comme de ceux des citoyens, concourût, avec l'action de tous les services publics, à asseoir, dans le pays, le gouvernement de la Restauration et les institutions nouvelles sur lesquelles il voulait s'y appuyer. M. de Serre donna toute son attention et mit toute sa conscience à l'accomplissement de cette double tâche ; il a fait pour les tribunaux des choix qui, dictés par la connaissance intime des hommes et l'habile discernement des aptitudes, furent accueillis, dans leur temps, par l'assentiment des hommes compétents et ont résisté à toutes les épreuves ; il a adressé aux parquets des cours et des tribunaux, pour les diriger dans la poursuite des délits, des instructions où, sous une forme qui exprime le talent, respire le sentiment profond de la mission de la justice dans la société, c'est-à-dire une impartialité qui, ne se lassant jamais d'examiner pour s'éclairer, tient un compte exact de toutes les situations, sans néanmoins faire acception de personne, et prête à la justice, que l'homme distribue, ce caractère éminent de la modération dans la fermeté, qui semble n'être le partage que de la justice divine. Il était doux, au lendemain de la rude et sommaire justice des cours prévôtales, de se reposer à l'ombre d'une justice qui avait renoué avec l'indulgence et la mesure, de voir fermer les avenues du sanctuaire à la délation et de ne plus sentir, à ses abords, l'odeur de la persécution. Les tribunaux avaient à leur tête un homme qui leur donnait, de haut, l'exemple. Le premier serviteur de la loi, il ne croyait pouvoir que ce qu'elle permettait ; mais de même il n'aurait pas souffert que ce qu'elle garantissait, un magistrat pût jamais le faire attendre ou le refuser. Vous en jugerez par un trait dont la simplicité vous touchera peut-être.

Une femme, qui avait autrefois possédé une aisance que la Révolution lui avait ravie, dont le veuvage avait achevé la ruine et qui ne se recommandait pas moins par sa sévère honnêteté que par son infortune, avait placé son fils en apprentissage chez un artisan ; l'enfant était exact, attentif et laborieux : le fils du patron, jeune homme d'une dépravation précoce, sans lui faire partager tous ses désordres, l'avait, néanmoins, associé à une de ses fautes. Il avait dérobé une pièce de six francs dans le comptoir de ses parents : l'apprenti avait été témoin du larcin, peut-être même y avait-il apporté une coopération plus ou moins équivoque, mais il n'avait, en aucune façon, participé à ses profits. La justice en fut informée ; laissant en dehors de sa poursuite le fils que protégeait l'immunité de la loi pénale, elle instruisit contre l'apprenti et le plaça même sous les verrous. Il est aisé de comprendre qu'une loi, qui semblait faire aux auteurs du même délit un sort si différent et si peu en rapport avec les sentiments qu'ils avaient dû l'un et l'autre apporter à le commettre, révolta le cœur de la mère ; dans sa douleur et dans son indignation elle voulut immédiatement en appeler à l'intervention souveraine du chef de la justice des lenteurs rigoureuses de ses agents inférieurs, et courut à la Chancellerie pour demander justice pour son enfant. C'était un jour d'audience ; l'antichambre était pleine de pairs et de députés ; la femme du peuple demande à

parler au ministre ; mais elle n'est pas munie de lettre
d'audience, et l'huissier, comme il le devait, répond
par un refus : elle insiste, elle invoque son titre de mère
et joint les larmes aux supplications : l'huissier hésite ;
enfin il cède et consent à prendre aussitôt qu'il le pourra
les ordres du Garde des sceaux ; ils ne se font pas attendre : l'audience commence immédiatement, la veuve
est introduite la première ; elle entre en pleurs, mais
rassurée, car elle se trouve en présence de l'homme
qu'elle croit tout-puissant, et elle ne saurait douter
qu'il ne lui rende son fils aussitôt qu'elle le lui aura
réclamé. M. de Serre la fait asseoir, l'écoute avec patience, l'interroge avec bonté ; mais, au lieu de lui
accorder ce qu'elle vient lui demander, il faut qu'il lu
fasse comprendre que, préposé à la distribution de la
justice dans tout le royaume, il ne lui est pas permis de
se mettre au-dessus des lois qui la règlent, et qu'il ne
peut faire pour une mère si digne d'intérêt que ce qu'il
ferait pour tout le monde. Toutefois, il le fait sur-le-
champ ; il lui remet pour le procureur général une lettre
qu'il a écrite de sa main et par laquelle il le prie de
hâter l'instruction de la procédure ouverte contre le
jeune apprenti, s'en rapportant à la religion des magistrats du soin de décider, dans leur conscience, avec
une sévérité inflexible, ou de résoudre les doutes et les
scrupules en prenant conseil de l'humanité. La pauvre
femme, reconduite par le ministre jusqu'à la seconde
antichambre, part munie de la lettre. La porte du Parquet ne fut pas plus lente à s'ouvrir que celle de la
Chancellerie ; les magistrats, après avoir vu comme

nous aurions vu nous-mêmes, décidèrent comme nous l'aurions fait, et, trois jours après, l'enfant, déchargé de la poursuite, volait dans les bras de sa mère et ne les quittait que pour reprendre un apprentissage, qui a fini par le conduire à la fortune.

Un autre fait montrera M. de Serre toujours le même, mais dans une situation différente, et résolu, pour maintenir le respect dû aux actes de la justice, à les mettre, s'il le faut, par une mesure d'une indulgence opportune, d'accord avec l'équité. Un jeune homme, qui portait un nom que les arts allaient bientôt faire briller d'un vif éclat, et qui devait, en outre, conquérir, un jour, lui-même sa propre renommée, avait écrit dans un opuscule quelques lignes qui avaient éveillé l'attention de la justice, amené sa traduction en police correctionnelle et attiré sur lui une condamnation à l'emprisonnement. Loin de la subir avec résignation, il s'était retiré en Belgique et en Hollande, pour se soustraire à son exécution ; un jour, il lut dans un discours prononcé à la tribune de la Chambre des Députés par M. de Serre, récemment appelé à tenir les sceaux de l'État, un langage qui différait à peine en quelques mots de celui que la justice avait, en sa personne, frappé d'une condamnation : il n'y regarda pas à deux fois ; il écrivit au Ministre, et, mettant, dans sa lettre, les paroles du condamné en regard de celles de l'orateur, il lui demanda comment il se faisait que de deux hommes qui avaient, dans des conditions de nature à produire peut-être des résultats différents, tenu le même langage, l'un eût été rudement châtié et l'autre restât impuni. La lettre parvint à son adresse : M. de Serre s'en émut et vérifia les allégations qu'elle contenait ; il se trouva qu'en effet, à part le ton que chacun avait pris et la situation particulière dans laquelle les circonstances l'avaient placé, le ministre n'avait pas autrement parlé que le condamné. Il n'était guère possible à l'un d'argumenter pour convaincre l'autre qu'il devait subir sa peine sans se plaindre, tandis que lui-même il échapperait au blâme, en s'abritant sous l'égide de l'inviolabilité constitutionnelle. Il n'aurait même convenu de rappeler que, du pamphlet au discours, les temps et la marche des affaires avaient changé que pour changer aussi quelque chose à ce qui faisait la gravité singulière du contraste de ces deux positions. M. de Serre le comprit ; il en référa au Roi ; la clémence du souverain intervint, et une remise de peine, en tranchant le parallèle, prouva une fois de plus que l'homme prudent ne peut jamais rien faire de mieux que de peser ses paroles avant de les livrer à la presse ou à la tribune.

L'homme d'État avait ici conseillé le chef de la justice et lui avait inspiré ce sage tempérament. Du reste, l'un et l'autre s'entendaient, et tous deux se valaient. Homme d'État, M. de Serre remplissait les conditions indispensables de l'emploi ; il avait des principes, il s'était posé un but et imposé une mission. On n'aurait pas eu besoin de le presser pour avouer que ces principes n'étaient autres que ceux de quatre-vingt-neuf, puisqu'il déclarait aveugle quiconque ne reconnaissait pas que la Révolution française était entrée de trois siècles dans le temps ; l'égalité civile et la liberté politique, une société

fondée sur la démocratie et quelques éléments d'aristocratie pour remplir les joints, relier les parties entre
elles et la maintenir elle-même sur sa base; enfin la
monarchie traditionnelle pour couronner l'édifice et
présider au gouvernement des peuples qui y avaient,
dans leur naufrage, cherché un abri, c'était là sa foi,
la Charte en était le symbole, et il mettait sa gloire à les
confesser toutes deux, comme il s'imposait la mission
d'en prêcher et d'en pratiquer la doctrine. Au fond,
il s'agissait de l'établissement du gouvernement représentatif en France par la réconciliation de l'ancienne
monarchie et de la liberté : il en fit son but et le pour-
suivit résolûment, car il croyait les voir aller l'une à
l'autre sans trop de répugnance ou de défiance, et il
avait le noble orgueil de penser qu'en les aidant à se
tendre la main, il les amènerait à s'embrasser cor-
dialement et à se mettre loyalement d'accord. Le
sentiment public encourageait cette entreprise ; mais
les partis entre lesquels la fortune plaçait le gouvernement étaient loin de la seconder ; si le roi et la liberté
avaient de sages et généreux amis, ils en avaient aussi
d'exigeants et de téméraires ; zélateurs passionnés, ils
avaient chacun pour leur Dieu des prétentions dont ils
ne voulaient rien rabattre, et ils auraient cru abdiquer le pouvoir ou commettre une apostasie, s'ils
avaient consenti à prêter l'oreille à une transaction.
Des deux côtés les hommes de bonne volonté étaient
allés vers le centre et ne s'y étaient pas plutôt rencontrés qu'ils s'étaient entendus; les ultras et les radicaux se tenaient aux extrémités, rêvant, les uns le

retour de l'ancien régime, que la plupart avaient encore vu debout, les autres le redoutant et le provoquant, cependant, par leurs défis : c'est entre ces adversaires, qui se mesuraient sans cesse de l'œil et qui ne pouvaient se rencontrer sans être prêts à en venir aux mains, que **M.** de Serre se présenta, l'attitude digne, la parole haute, mais modérée, pour les contenir, en attendant le moment de les réconcilier : il pouvait rester sincère et conquérir sur eux une autorité véritable, en tenant à chacun le langage qui lui convenait, parler de dévouement au roi aux royalistes de la droite pour les amener à lui obéir en prêtant leur concours à ses ministres, s'adresser aux libéraux, au nom de la liberté, pour les conjurer de la servir avec intelligence, ne fût-ce qu'en s'abstenant de la compromettre : ce fut là son habileté, habileté patriotique et permise, car une cause ne lui était pas moins chère que l'autre ; il leur portait un égal amour et il ne pouvait assurer leur triomphe qu'en restant fidèle à toutes deux. On sait ce qu'il veut, mais il ne le nomme pas, de crainte d'effaroucher les esprits ombrageux et d'éveiller la contradiction au milieu de ceux qu'il veut conduire ; peu s'en faut même, si d'autres moins réservés s'avisent de montrer les choses, en déclinant leurs noms, qu'il ne les désavoue sans ménagement : chacun sait bien que le but qu'il poursuit, c'est l'établissement du gouvernement représentatif ou constitutionnel dans notre société, et l'on est trop voisin de l'Angleterre pour que l'on ne reste pas convaincu que le Roi, qui l'y a vu fonctionner pendant dix ans, l'a importé tel qu'il l'avait trouvé sur le sol où il avait reçu l'hospitalité, dans ce royaume que la fortune vient de lui rendre; chacun sait de même que, dans ce pays, le souverain, spectateur de la lutte des partis dans le sein du parlement, n'y intervient que pour s'appuyer sur les majorités, en les constatant; qu'elles font ou défont les ministres, en leur accordant ou en leur retirant leur confiance, et que gouverner en présence des chambres, c'est gouverner, non sans elles ou malgré elles, mais avec elles. M. de Serre le sait aussi bien, car député ou ministre, il ne parle et n'agit que pour former ou aider à former des majorités capables de servir de base ou de point d'appui à une administration; il oblige à se retirer les ministres qu'elles abandonnent, et se retire enfin lui-même quand elles lui refusent de le suivre, ou veulent le faire sortir de lavoie qu'il croit la meilleure. Personne ne proclame plus haut que lui la responsabilité des ministres et l'inviolabilité de la couronne, et, cependant, si le moment est critique, si le dénoûment le réclame, personne n'hésite moins que lui à la tirer du sanctuaire et la montrer, pour les soumettre, à ces fidèles dont elle règle souverainement la conduite et la foi. Il ne leur apporte pas ses ordres, mais, tout en usant pour les réduire du prestige que le nom du roi exerce sur eux, il cherche à mettre, par la persuasion, leur volonté d'accord avec la sienne, et fait intervenir ce nom pour agir sur la droite, comme celui de la liberté pour agir sur la gauche. Une portion du ministère qu'il soutient a contre lui, dans la chambre de 1815, une majorité royaliste, mais cette chambre a contre elle la nation:

il se porte du côté du pays et de la Charte, et se présentant comme l'envoyé du souverain à ces royalistes quand même, qui se disent ses amis, il les adjure de contenir leur zèle et les amène à suivre, en grondant, la ligne où marche leur maître à la tête de son gouvernement : dans la chambre qui remplace celle-ci, il ne revient plus aussi ouvertement à cette intervention suprême du roi pour dominer la droite, mais il s'en tient toujours à la Charte et au pouvoir prépondérant qu'elle fait résider dans les mains de son auteur. Il pense aussi peut-être qu'il en doit être du restaurateur d'une monarchie et d'une dynastie comme de leur fondateur, qu'il ne saurait entièrement s'effacer devant ses ministres pour les laisser agir à sa place, et qu'il doit tenir constamment la main à son œuvre pour la maintenir debout ou l'empêcher de s'écrouler. Il récuse l'autorité des principes et des exemples empruntés à la constitution ou au parlement britanniques : suivant lui, loin de se ressembler en tout, l'Angleterre et la France diffèrent en beaucoup de choses ; il doit en être de même de leur gouvernement ; chacun des deux peuples a ses institutions qui lui sont propres ; aussi ce qui peut entrer dans les besoins et les convenances de l'un peut être antipathique à l'esprit et aux intérêts de l'autre[1]. Ne

---

[1] « Y a-t-il un type absolu qui impose à tous les peuples d'admettre telle ou telle institution, sous peine de n'avoir pas le gouvernement représentatif ? Non, Messieurs, il n'y a rien de pareil, et particulièrement en France. Qui y a établi le gouvernement représentatif ? La Charte, sans doute. Le gouvernement représentatif n'est donc et ne peut être, pour nous, que le gouvernement de la Charte. »

M. de SERRE, Discours à la Chambre des Députés, le 5 juillet 1821.

lui demandez rien, si vous ne lui en montrez le germe
ou la promesse dans la Charte ; ne lui demandez même
pas tout ce que la logique pourrait en faire sortir, si
le tempérament de la nation ne peut le supporter. Il
sera hardi et résolu jusqu'à en être téméraire, si les
nécessités de la situation le lui commandent et si la
Charte, dans laquelle il veut religieusement se renfermer, ouvre un champ libre à son action ; mais il
poussera la circonspection jusqu'à élever devant vous
toutes les barrières pour peu que vous vouliez l'a-
grandir, ou qu'il ait aperçu un nuage ou entendu quelque bruit à l'horizon.

M. de Serre était venu à l'origine des choses ; il avait
mis le pied dans le parlement avec la première chambre
que la royauté y avait appelée après la seconde restauration ; il s'était formé avec elle et avait grandi sous
ses yeux : sa merveilleuse aptitude le rendait propre
à tout ; aussi, dans son infatigable activité, s'était-il
appliqué à l'étude de tous les services publics, et l'expérience lui était-elle venue plus vite qu'à personne
dans ces assemblées nouvelles, non pas sans ancêtres,
mais à peu près sans héritage et sans précédents. Il
n'est pas étonnant qu'il ait, pour ainsi dire, conquis,
du premier jour, une si grande autorité sur des corps
qui avaient mis sa valeur en relief, en en usant, et qui
l'avaient élevé de leurs propres mains, en lui confiant
les missions les plus délicates, souvent même les plus
graves et les plus difficiles. Il n'était pas seulement un
administrateur habile, un légiste consommé, c'était
encore un économiste au courant de la science et un fi-

nancier plein de ressources ; les universitaires émérites n'auraient pas plus pertinemment traité des questions d'enseignement ou d'éducation, et nul homme de guerre n'aurait parlé avec une raison plus haute et un sens plus pratique de l'organisation de l'armée. Il avait discuté, proposé même de remplacer le règlement de la Chambre par un règlement nouveau dont il lui avait soumis le projet, et le budget tout entier était devenu sa spécialité. N'était-il pas naturel que la Chambre, qui l'avait eu si longtemps pour Président, le vît avec faveur entrer dans un ministère dont l'esprit répondait à celui de sa majorité ? Sa confiance l'y plaçait au premier rang ; il s'y maintint, en s'y montrant, par la droiture du caractère, l'habileté de la conduite et la puissance de la parole comme de l'esprit, égal à la gravité des événements et des situations. Il a pu dévier quelquefois de la ligne qu'il suivait pour atteindre le but qu'il s'était proposé, mais, en marchant, il ne le perdait jamais de vue, et, dans sa conscience, il croyait que, pour y parvenir, il fallait changer de chemin. Il a pu aussi, dans des moments de crise, s'arrêter ou revenir sur ses pas de crainte d'aboutir à l'abîme, mais il n'est pas, un seul instant, sorti de la Charte et n'a pas mis plus de dévouement au service de la Restauration qu'à celui de la liberté. Son cœur avait frémi de joie, quand ses mains l'avaient délivrée de ses dernières entraves, et il a saigné lorsqu'elles ont dû lui remettre un frein passager pour l'empêcher de tomber dans les bras de la licence. Il faut bien, quoi qu'aient pu dire les partis dans leur injustice et leur aveuglement, et

quelques conclusions qu'on veuille tirer du long silence de l'histoire, qu'il ait été un ministre, un homme
d'état d'un ordre élevé. On sait quelles choses difficiles
furent tentées ou s'accomplirent sous le ministère qui
administra les affaires de la France, de la fin de 1817
au commencement de 1820 ; on se souvient que ce ministère ne comptait que deux orateurs, M. Decazes et
M. de Serre, et que le premier, d'une aptitude merveilleuse à conduire les hommes dans toutes ces avenues de
la vie politique qui aboutissent toujours à l'autorité par
une ouverture, laissait au second, dans presque toutes
les circonstances, le soin d'agir publiquement sur eux
par la parole. On peut donc dire que, si ce ne fut pas
par lui que tout se fit alors, rien d'important, au moins,
de quelque nature qu'il fût, ne s'y accomplit sans lui.
A une pareille époque et dans une pareille Société, on
n'occupe pas si longtemps une si grande place sans en
être digne, et l'on ne laisse pas derrière soi des œuvres
si hardies sans avoir reçu de Dieu des dons qu'il n'accorde qu'à ses élus : regardez de près sur le front de cet
homme d'état, vous y remarquerez l'empreinte et le
sceau du génie. Ne craignons pas non plus d'ajouter
que vous y reconnaîtrez aussi celui de la vertu politique, car il n'a ni convoité, ni retenu le pouvoir par
ambition, mais il l'a accepté, quand il lui est venu,
pour servir son pays et son souverain. Quel que fût
son dévouement pour la dynastie dont il avait embrassé
la cause, il ne craignait pas de dire qu'il faisait encore
passer les intérêts de la France avant les siens. Il n'emporta du pouvoir que ce qu'il y avait apporté, une

aisance très-modeste ; il ne voulut pas même y recueillir ce qui aurait réparé les pertes que l'invasion de
l'étranger lui avait fait éprouver. Lorsque l'armée
française avait évacué Hambourg, les Russes y avaient
envahi et pillé son hôtel ; il pouvait donc, comme tous
les Français, réclamer sa part de l'indemnité que les
chambres avaient votée pour effacer les dernières traces
du passage de l'ennemi sur le territoire de la France.
Il s'y refusa et répondit simplement à ceux qui l'y
invitaient qu' « Un ministre ne pouvait pas s'indemniser
lui-même : que les autres citoyens n'auraient jamais
assez, et qu'on trouverait que lui aurait toujours trop. »

Pourquoi n'est-il pas venu à une de ces époques
sereines, où tout se montre dans sa maturité et où le
mouvement, chez les peuples comme chez les individus, fait sentir la vie sans la troubler ? Pourquoi
faut-il, hélas ! qu'il ait tenu de l'homme et que, comme
les plus heureusement doués, ayant ses faiblesses,
comme eux il ait commis ses erreurs et ses fautes ?
Ainsi que nous l'avons déjà dit, il a donc erré et
failli quand, après avoir reconnu que la démocratie
était l'élément constitutif de la France moderne et
qu'elle y coulait à pleins bords, il a entrepris d'in-
tercepter le courant, en lui opposant la faible digue
d'une aristocratie de fortune, destructive de l'égalité
électorale et antipathique à la nation [1]. Il a même

---

[1] « Il n'est pas plus donné aux législateurs qu'aux autres hommes
de refaire à volonté, ni de devancer l'ouvrage du temps, et il y aurait
peu de sagesse à dire et à redire habituellement à une société très-

encore erré et failli lorsqu'il a cru que le dévouement était toujours possible, ou qu'en tout temps, on pouvait tout sauver en se sacrifiant, et lorsque, redoutant pour la Restauration les écueils de la gauche comme ceux de la droite, après avoir heureusement louvoyé entre les deux sans les ranger de trop près, il s'est écarté d'une ligne si prudente et s'est jeté tout entier vers cette droite, où plus d'une fois, depuis près d'un siècle, la Providence a permis que la monarchie trouvât sa perte dans les excès du zèle et dans les emportements de la fidélité.

Faut-il ici se demander ce qui serait arrivé de lui et de la Restauration si, commandant à sa nature et mettant son cœur au-dessus des impressions qui l'ont peut-être brisé, il eût consenti à attendre, de nouveau, son moment, et à vivre assez pour voir ce retour de 1827, qui aurait peut-être marqué son heure comme une époque dans l'ère du gouvernement constitutionnel? Sans doute, alors il eût été l'homme de la situation et le chef du cabinet qui, sorti d'un mouvement national, a ravi, dans le parlement, la majorité à la droite et aux ultras. Ce n'est pas M. de Martignac, mais M. de Serre qu'en dépit de ses répugnances, Charles X eût appelé pour le composer. Ce n'était pas assez, pour fixer les irrésolutions de la couronne et dominer les partis, en leur mesurant les satisfactions,

vivace et très-active qu'elle n'est pas telle qu'on la voudrait. et qu'on aspire à la refaire. »

(M. le Baron Pasquier, Discours à la Chambre des Pairs, le 29 mars 1826.)

d'un facile et aimable langage, de façons pleines de grâce et des douces insinuations mises, dans un homme de bien, au service de l'esprit de conciliation : il fallait, pour y réussir, la mâle éloquence de l'orateur qui avait communiqué aux chambres, sur lesquelles sa parole avait si longtemps exercé son empire, la vive ardeur et la résolution dont il était lui-même animé. Quelle force n'eût pas apportée avec lui au pouvoir, en y remontant, l'homme qui, après l'avoir manié d'une main si vigoureuse, quand il y était, aurait vu si juste en en sortant, et qui, après avoir proclamé les principes, aurait témoigné de la sincérité de sa foi, en leur restant fidèle ? Quel crédit n'aurait pas partout obtenu sur les esprits l'homme d'état, qui aurait vu ainsi l'événement justifier ses prévisions et l'expérience donner raison à sa politique ? La Restauration, ébranlée par la perte d'un pareil appui, se serait peut-être affermie, en le retrouvant. Mais Dieu, qui en avait autrement décidé dans ses décrets, ne le permit pas. En retirant M. de Serre du monde, il lui épargna la douleur d'être témoin d'une chute que la Restauration n'eût pas eu la sagesse de prévenir, en le rappelant près d'elle pour la conjurer. L'événement que le serviteur fidèle avait si souvent prédit, quand on fermait l'oreille à ses avertissements, aurait, sans le surprendre, réalisé ses appréhensions. Mais la révolution de juillet, on peut le croire, ne l'eût pas entraîné : il la prévoyait : n'ayant pu l'empêcher de venir, il n'aurait pas entrepris de l'empêcher de suivre son cours ; il lui eût obéi comme on obéit à la nécessité ; sans la servir, sous

son régime, il eût encore consenti à servir son pays ;
le rôle, le seul rôle qu'il eût alors accepté, c'est celui
qu'avaient pris pour eux M. Royer-Collard et M. de
Martignac ; triste et découragé, au milieu de temps
devenus si difficiles, il eût tenu compte aux hommes
de leur dévouement et assisté aux œuvres du gouvernement plutôt en témoin qu'en acteur ; le conseillant
sans le combattre, il l'aurait jugé sans aigreur et sans
rancune, et mettant, par la force de son âme, les intérêts et les droits de tous au-dessus de ses propres
affections, il eût été consolé des amers échecs de sa
vie, s'il avait vu, sous la conduite d'un autre, le gouvernement de sa prédilection traverser les orages sans
en être atteint, et arriver triomphant au port.

Si la nature avait créé M. de Serre pour être un
homme d'État, il faut reconnaître que la fortune et les
événements mirent du temps à seconder sa vocation,
et qu'il fallut plusieurs révolutions pour le mettre en
possession de son rôle, en le produisant sur la scène ;
mais ce qu'il y a de certain, c'est qu'elle l'avait fait
pour être orateur [1], et qu'il s'aida puissamment lui-
même à le devenir. L'enfant qui s'était si jeune choisi
un Tusculum laissait facilement deviner ses goûts et
ses tendances, et l'on peut croire que, lorsqu'au lieu
de se distraire du travail par les jeux de son âge, il
allait s'y recueillir les jours de congé, il y rêvait
d'autre chose que de la guerre ou des combats, à

---

[1] Elle avait fait pour lui plus que n'exige le proverbe rapporté par
le rhéteur latin : *Nascuntur poetæ, fiunt oratores.*

moins que ce ne fût de ceux de la parole. Ce que, plus tard, devenu homme, il étudiait dans les camps, ce n'est pas l'art militaire, mais les lettres, et ce dont il s'éprend, en faisant campagne, ce n'est pas du métier des armes qu'il a embrassé par obéissance, mais de l'histoire et de la philosophie auxquelles il s'adonne aussitôt que les revers de son parti lui ont rendu la liberté. Ce ne sont pas les Commentaires de César, Quinte-Curce ou Polybe, mais Montesquieu, Kant et Tacite, que sa main feuillète, nuit et jour ; lorsque sa patrie lui a rouvert ses portes, il ne va pas s'enrôler sous ses drapeaux, mais s'asseoir sur les bancs d'une École centrale, et il se hâte d'y prendre une teinture des lois nouvelles pour gagner le palais. En dépit des temps, M. de Serre s'est donc formé par l'étude ; heureusement, quand la Révolution le prit, chez lui le travail des premiers maîtres était terminé, et, pour achever leur ébauche, il n'avait besoin que de lui-même. On peut dire que ce dernier travail ne fut pas seulement l'occupation de sa jeunesse, mais de toute sa vie, et qu'il sortit de ses propres mains penseur aussi profond qu'orateur éminent. Dans un temps où les lettres et les arts qui en dépendent semblaient avoir éteint leur flambeau, au milieu des dissensions et du trouble, il l'avait rallumé en secret pour en éclairer sa solitude. Il avait eu la sagesse de penser que la raison, le bon sens et l'équité s'étaient révélés à d'autres époques qu'à la sienne, et à d'autres adeptes qu'à ses contemporains. Quoique l'on affectât de n'en plus parler, il avait rouvert les vieux livres et s'y était enfoncé dans l'étude du droit romain et du droit coutumier. Mais il n'avait point séché sur leurs textes ; de cette étude il avait rapporté mieux que des formules : grâce à cette communication intime que la méditation des œuvres des maîtres avait établie entre son esprit et le leur, il s'était mis promptement en pleine possession de la science, et rien qu'à la faveur de cet enseignement, à la fois venu du dehors et spontané, il était devenu un jurisconsulte et un publiciste consommé. A la tribune comme à la barre, son talent a porté tous les fruits qui devaient naître d'une pareille culture, et, pour ne rappeler ici qu'une de ses supériorités, du moment qu'il y a paru, nul n'y a mieux parlé la langue du droit, non pas seulement du droit civil, mais encore du droit public : en passant par sa bouche elle dépouille l'aridité et la sécheresse de la pratique, mais elle ne s'y surcharge pas d'ornements. Un goût sobre l'y surveille et l'y maintient toujours dans la juste mesure. L'orateur ne veut pas ici sacrifier à la forme, mais il ne veut pas non plus la négliger : ainsi que Fénelon le dit de Démosthènes, « Il s'en sert comme un homme modeste de son habit pour se couvrir [1]. » Rencontre-t-il sur son chemin une question de droit civil, il apporte à l'éclaircir le sens exact et juste de Domat, la simplicité élégante et ferme de d'Aguesseau et de Pothier. On aurait pu croire que Montesquieu, que Blakstone, que Delolme, que les publicistes et les historiens anglais avaient tout dit sur l'esprit des institutions de

---

[1] Lettre sur l'éloquence.

la Grande-Bretagne, sur le mécanisme et le jeu de
sa constitution politique; après eux, M. de Serre a
encore quelque chose à nous en révéler; si le sujet
est porté, à l'improviste, à la tribune, si l'orateur est
amené à y faire la comparaison de ces institutions avec
celles que la Charte a voulu fonder en France, il en
trace le parallèle avec une hauteur de vue, une netteté
d'exposition, un sentiment de l'ensemble, une intelligence des détails qui apprennent tout en quelques
mots à ceux qui ignorent, et montrent encore des
aperçus nouveaux à ceux qui savent le mieux. Rien
ne manque au tableau; chaque chose y est à sa
place, la lumière en éclaire toutes les parties et,
d'accord avec la couleur, y met, dans une mesure
convenable, les objets en relief.

Mais M. de Serre n'a pas tout reçu du jurisconsulte
et du publiciste; il ne procède pas seulement du savant
et du praticien, il tient encore du philosophe et du
poëte, et possède tout ce qui peut appartenir à l'orateur; du philosophe il a la profondeur et la méthode,
l'habitude d'asseoir toujours sa thèse sur les principes
et de placer, avant tout, son habileté dans la dialectique; du poëte il a les images et la couleur, le
mouvement et la passion; de l'orateur même, s'il faut
le distinguer de l'un et de l'autre, cette faculté merveilleuse, non pas peut-être de toucher dans l'âme
de l'auditeur ces cordes délicates dont les sons la
troublent, en y éveillant l'émotion pathétique, mais
d'y faire résonner ces cordes graves dont les vibra-
tions puissantes l'élèvent, pour ainsi dire, au-dessus

d'elle-même, en l'excitant vivement, et la disposent à accomplir les grandes choses, en y suscitant tous les nobles sentiments, l'amour de la patrie, l'oubli de soi-même, le dévouement au devoir, l'enthousiasme et l'admiration. Mais avec tous trois, dans M. de Serre, réside l'homme de bien ; on sent qu'il apporte son cœur avec sa raison à la tribune ; le ministre y reçoit les inspirations du patriote ; la foi dans les principes y respire dans toutes ses paroles ; on se laisse entraîner parce qu'il est convaincu, et l'on ne se défie point parce qu'on voit toujours où il vous mène, et qu'on sait que, s'il pouvait vous égarer, c'est qu'il serait dupe de lui-même.

Comme tous les hommes d'un génie véritable, M. de Serre a son originalité propre et sa manière qui n'appartiennent qu'à lui. Vous l'avez déjà vu, un des premiers traits de ce grand et ferme esprit, c'est cette faculté singulière de rassembler toutes ses forces en lui-même pour s'y concentrer dans la réflexion[1]. Toutefois, ne croyez pas qu'il s'y enfonce, un moment, pour laisser bientôt son imagination flotter dans le vide, au gré du caprice ou de la fantaisie ; ce n'est pas le rêveur qui erre dans le vague pour se perdre dans les chimères, mais le penseur opiniâtre et sagace, qui creuse son problème pour le résoudre, qui pour-

---

[1] « L'esprit philosophique est le coup d'œil d'une raison exercée. Il devient pour l'entendement ce que la conscience est pour le cœur. » — M. Portalis, *Éloge de l'Avocat général Séguier.*

Personne n'a possédé à un plus haut degré que M. de Serre cet esprit philosophique si bien défini par M. Portalis.

suit, sans se laisser distraire par rien, le travail d'où doit sortir sa solution, et qui ne quitte son sujet que quand, comme Newton ou Buffon, comme Kant ou Descartes, à force d'y songer et de le chercher, il a mis le doigt sur le mot qui dit tout, et que son œil satisfait s'est reposé dans la vérité. Grâce à cette habitude de penser partout et de vivre en méditant, préparé sur tout, il était, à toute heure, prêt à traiter tous les sujets. Aussi la politique et l'administration ne pouvaient avoir, pour lui, de surprise, et, si nouvelle qu'elle parût être, aucune des questions qui naissaient des matières de gouvernement ne pouvait le trouver au dépourvu. Mais, chose digne de remarque, quelle que fût l'étendue de sa science et quelque riches que fussent les facultés dont la nature l'avait doué, il n'avait pas fait de la parole un art et un but, mais un instrument et un moyen : il ne recherchait pas plus les affaires pour se ménager des succès oratoires que le pouvoir pour la satisfaction de le manier. Pour lui, la tribune était le théâtre de l'action ; s'il voulait y dominer par la parole, c'était pour y conduire les esprits, et les triomphes de l'éloquence n'étaient que le moindre prix des combats qu'il entendait y soutenir. Dans toute la force de la jeunesse et dans le plein épanouissement de son talent, il avait préféré les fonctions de Premier Président à celles de Procureur Général, et s'était assis pour juger au lieu de se tenir debout pour parler. Quand il compte déjà plus d'années, il renonce aux douceurs du siége pour se jeter dans les mêlées du parlement. L'orateur ne s'y pré-

sente pas pour le plaisir d'y produire une harangue.
Ce qu'il demande, ce n'est pas qu'on l'applaudisse,
mais qu'on adopte la mesure qu'il propose ou qu'il
soutient, et, s'il lance la foudre, ce n'est pas pour la
vaine gloire de faire briller des éclairs, mais pour
réduire ses adversaires, en les terrassant. Il ne parle
donc que pour agir ; ses discours sont des actes accomplis par la parole, et, si elle y aide en décidant la
résolution, soyez-en sûrs, elle puise dans les circonstances du moment une énergie qui en accroît l'effi-
cacité. On sent, quand il les prononce, qu'il a la main
sur le gouvernail ou qu'il tient les rênes du char de
l'État : la pratique des affaires est devenue le drame ;
en le lisant, nous croyons l'entendre et le voir sur
la scène ; il est ce maître autour duquel s'agitent
tous les acteurs, et qui résout la crise, en imposant le
dénoûment. Aussi, bien qu'il n'ignorât aucun des
secrets de l'art et qu'il possédât toutes les ressources
de la parole, ce n'est point un écrivain, mais un
improvisateur ; il a la verve, mais il a aussi les iné-
galités : le jet est vigoureux, le flot coule de source,
mais parfois il entraîne dans son cours des matières
dont la main l'eût purgé, si l'orateur l'avait, d'avance,
chargée de le diriger. C'est bien plus par le feu intérieur qui l'anime que par le poli de la forme que brille
sa parole : l'œil ne s'arrête pas aux aspérités qu'il
peut, de temps à autre, y rencontrer. L'idée, pressée
de se produire, brusque la règle ; le mot qui s'offre
pour la rendre n'est pas toujours le mot propre, mais
il a, pour lui, l'énergie, et il en est si voisin qu'il le

remplace sans effort, ou l'orateur se l'est si intimement approprié, en le pliant à une acception nouvelle, que désormais la langue le laissera prendre pour lui. Il lui arrivera même de le créer, si ce mot paraît lui manquer, et s'il lui est nécessaire à lui-même pour porter son idée à une plus haute expression[1]. Les traits sont, non pas heurtés, mais hardis et jetés avec vigueur ; les images peut-être un peu familières, mais point communes ; elles sont surtout d'une vérité saisissante et accusées par les saillies les plus propres à les mettre en relief. Veut-il peindre d'un trait le despotisme, il vous montre « Le pouvoir sans frein se jouant de tous les droits » ou « Menant, les rênes tendues et le fouet levé, la nation docile sur l'aire aplanie et nivelée[2]. » Parle-t-il d'une déclaration des droits pour en faire voir l'inanité, et veut-il la réduire à ce qu'elle peut comporter d'utile : « Deux de nos assemblées fameuses, dira-t-il, ont essayé d'exprimer les droits et les devoirs, elles se sont perdues dans cet essai. » Le mot propre était ici définir, mais nous n'avons pas eu le temps de

[1] Nous en citerons un exemple et nous le prendrons dans le discours qu'il a prononcé, le 18 juin 1819, sur le rappel des bannis. Parlant de l'impitoyable énergie de la Convention, il dit : « L'impression qu'a laissée la Convention est épouvantable : elle nous rappelle un pays inondé de sang, couvert de prisons et d'échafauds. La Convention sera, si je puis me servir de cette expression, inoubliable pour nos derniers neveux. » L'Académie accueillera ce mot nouveau d'*inoubliable*, en lui faisant une place dans son dictionnaire.

[2] Discours prononcé à la Chambre des Députés, le 30 mai 1820.

nous arrêter à cette incorrection, car l'orateur, dans sa hâte d'arriver au terme de sa discussion, en abrégeant, nous a pleinement satisfait, quand il a réduit la thèse à un mot et nous a dit avec sa vive concision : « Tout ce qui n'est pas défendu est permis [1]. »

Fruit d'une savante et profonde élaboration, tout, cependant, dans l'éloquence de M. de Serre, a l'air de se passer à la tribune : c'est sous l'œil de l'auditeur qu'il accomplit son œuvre, et, en y assistant, vous y travaillez avec lui. La méthode a dressé le plan et y a distribué la matière : une dialectique habile et vigoureuse, allant toujours droit devant elle, ou ne s'écartant de sa voie que pour y revenir bientôt en l'élargissant, conduit sans s'y perdre les fils de l'argumentation, et, en les maniant, les enchaîne dans un tissu si serré qu'il semble que jamais une réfutation ne puisse l'entamer. Quoiqu'il possède au plus haut degré le don de mêler le sentiment ou la passion au raisonnement, M. de Serre ne vise point à surprendre l'esprit par le cœur, et c'est presque toujours en argumentant qu'il cherche à convaincre. D'habitude, il aborde son sujet par le côté qui offre à l'esprit sa véritable prise. Aussitôt qu'il y est entré, il s'en est rendu maître ; suivant le besoin de la situation, d'un coup d'œil, il le parcourt ou, procédant plus lentement, il l'explore en détail ; il constate les faits, en les dégageant avec netteté de la discussion,

[1] Discours prononcé à la Chambre des Députés, le 25 janvier 1822.

et posant ensuite, avec autorité, les principes, il leur en fait, avec un art merveilleux, l'application. En commençant, on dirait qu'il hésite : mais la lenteur même de son début aide à le suivre, et aussitôt qu'il a pris son pas, il vous entraîne avec lui et fournit sa course sans s'arrêter, ni vous laisser reprendre haleine. Il faut que la discussion l'échauffe pour que l'inspiration lui vienne ; mais une fois que, sous ce premier effort de la pensée et de la parole, elle a rompu les digues, le torrent se précipite et coule à pleins bords, ou, pour nous servir de l'image antique, la sibylle est sur le trépied et le dieu la possède, ou bien Protée cède, en brisant ses liens, et rend, à flots, ses oracles. Alors sa parole éclate en traits de feu ; il lui échappe des mots qui éblouissent et frappent comme l'éclair, et qui deviennent des richesses de la science et de la langue. Maintenant figurons-nous M. de Serre à la tribune, d'abord, les bras croisés sur la poitrine, l'attitude calme et recueillie, puis s'animant petit à petit au point de rendre par le regard et le jeu de la physionomie tout ce qu'expriment ses paroles, joignant la justesse et la dignité du geste à la distinction suprême de l'organe, contraignant, même par la portée restreinte de sa voix, son auditoire à lui prêter une attention plus religieuse, et faisant retentir, dans le silence d'une assemblée enchaînée tout entière à ses lèvres, des accents où respirent les fermes inductions de la raison, la foi intime dans les principes et les vives ardeurs du sentiment ; nous ne nous étonnerons pas que cet auditoire, que l'orateur entraînait par l'irrésistible ascendant de sa dialectique, enlevé et ravi par les derniers accents de son éloquence, éclate tout à coup en applaudissements, et nous comprendrons le prestige qu'après un demi-siècle, elle exerce encore sur les souvenirs de ceux qui ont été témoins de ses triomphes [1].

Agressif et mesuré tout à la fois, plein d'élan en même temps qu'habile, M. de Serre ne sait pas moins s'abandonner que se contenir, engager le combat que l'éviter, attaquer un adversaire pour le forcer à se compromettre en se défendant, que retourner contre lui l'attaque pour mieux se défendre. Sous la mâle fermeté de son langage on sent parfois percer l'intrépi-

[1] A mesure qu'on s'éloigne, par le temps, des hommes qui se sont fait, par le talent, une grande renommée et que deviennent plus rares ceux qui, les ayant connus, peuvent nous les faire connaître, à notre tour, en nous en parlant, on recherche avec plus d'empressement tout ce qui se rattache à leur personne, et sans les avoir aperçus, dût-on appeler l'imagination à son secours, malgré soi, on essaye de les faire revivre, en traçant pour soi-même leur portrait. On n'avait pas besoin de voir deux fois M. de Serre pour être frappé de ses traits ; ils sont restés gravés dans les souvenirs de tous ceux qui l'ont approché : quand ils en parlent, ils le peignent tous de la même façon. Il était d'une taille presque élevée ; sa physionomie, naturellement calme et réfléchie, respirait la douceur et la bonté ; la gravité sereine de l'esprit s'y reflétait à tel point que le sourire, en passant sur ses lèvres, y prenait de la dignité. Son œil ne dardait point de flammes, mais, à la tribune ou dans un salon, il s'animait du feu de sa parole ou par l'entrain de la conversation. Son port était noble, sa démarche avait de la grâce. Soigneux de sa personne, sans cependant se permettre en rien la recherche, il portait au plus haut degré, dans son extérieur, le respect de lui-même, et dans ses manières le cachet de la distinction.

dité du caractère[1], mais plus habituellement le ton sur lequel il le prend s'empreint de sa droiture et de sa modération. Il n'ignore pas ce que c'est que la fougue, pourtant il connaît mieux encore la prudence. Au moment où vous croyez qu'il s'emporte, il reste maître de lui-même, et sa parole se dégage de ce pas difficile ou de cette épaisse mêlée, dans laquelle l'a jetée l'impulsion puissante de l'improvisation, par une repartie qui foudroie l'interrupteur téméraire qui a voulu l'arrêter sur son chemin. L'apostrophe véhémente n'était point dans sa nature, ni de son temps et de sa situation : elle a en soi quelque chose de trop révolutionnaire pour s'accommoder au tempérament de ces assemblées, bien plus aristocratiques que plébéiennes, devant lesquelles il parlait. Aussi, comme chez lui l'éloquence ne vient pas du sang et de la colère, mais de l'âme et de la raison, le mouvement oratoire n'y éclate pas brusquement par l'interpellation directe ou l'objurgation violente : on le sent venir de loin ; il naît du contact de l'idée et du sentiment ; l'esprit le fait entrer dans le cœur, et, quand il en sort, il vous trouve tout prêt à le suivre et vous entraîne avec lui.

Le style de M. de Serre est sobre, et, de même qu'il est limpide et net, il a du corps et de la couleur. Sans courir, il est rapide ; il ne vole pas, mais il marche sans détours ; il va droit au but, et, près de l'atteindre, il

---

[1] « M. de Serre ne prenait jamais une résolution à demi. » M. de BARANTE, *Vie politique de M. Royer-Collard*, tome I, page 513.

fait, d'un dernier coup, entrer l'idée au plus avant de l'esprit. M. de Serre fut éloquent, et d'une éloquence qui, on peut l'affirmer, en ressemblant à celle de plus d'un maître, n'appartient cependant qu'à lui-même ; ce qui la distingue, ce n'est pas la période harmonieuse de Cicéron et de Vergniaud ; ce n'est pas la fougue passionnée de Mirabeau, sentant parfois, dans sa verve ardente, la déclamation et le mauvais goût; c'est mieux que l'élocution abondante et pleine de séductions de M. de Martignac; c'est une façon qui fait penser à Démosthènes et à Bossuet, qui semble tout tenir de la puissance de la dialectique, et qui reçoit autant encore de la force de l'idée et de la mâle vigueur de l'expression. Moins tendu et moins abstrait que M. Royer-Collard, M. de Serre a, néanmoins, sa régularité pleine et son solide éclat; mais il sait, avec plus de souplesse et moins d'effort, descendre des principes aux faits, et élever les affaires jusqu'à la hauteur de la théorie pour leur en faire l'application. Je ne sache pas un art, une habileté, une aptitude qui soit le propre d'un orateur, dont on ne trouve le germe et l'on ne rencontre l'usage chez M. de Serre. M. Pasquier et M. Decazes ont-ils déployé plus de science et d'habileté pratiques que M. de Serre, dans la manière d'exposer les faits et de faire sortir des embarras d'une situation le triomphe du gouvernement? Qui de lui et de Manuel a usé plus hardiment des adresses du langage, et manié d'une main plus vigoureuse l'instrument de la logique? Il lui échappe, à chaque instant, de ces éclairs de poésie ou de sentiment qui n'éclatent habituellement que de l'âme et des lèvres de M. Lainé ou de Camille Jordan. Il n'y a rien qui ressemble plus, pour les grâces fleuries du langage, l'élégante distinction des formes et la délicatesse des images, au discours du général Foy, sur la Légion d'honneur, que celui de M. de Serre sur le même sujet, et quand le jeune député, le futur ministre, prenant, dès son début, une attitude si résolue et répondant aux pharisiens de la Charte, couvre de sa généreuse parole les fonctionnaires des régimes déchus pour les protéger contre le zèle des délateurs, et les abriter contre la faux des destitutions, on n'imagine pas que lord Chatam, mourant et faisant un dernier effort pour dessiller l'aveugle entêtement de la Chambre haute, ait fait entendre de plus nobles et plus patriotiques accents, et se soit, d'une façon plus fière et plus touchante, drapé dans sa dignité.

On serait tenté de croire que M. de Serre a créé, pour la tribune, le langage et l'éloquence des affaires ; en tout cas, on peut dire qu'il en a, pour ainsi dire, popularisé l'usage par ses exemples, et qu'il est sorti des assemblées, où il a dominé par la parole, une école qui s'y est formée par ses leçons, et qui a fait la force et la vie des chambres de la monarchie instituée en 1830. Dans ses mains, la langue, sans recourir à un néologisme qui l'aurait corrompue, se prête avec une facilité et un à-propos merveilleux à tous les besoins qui sont nés des institutions nouvelles et des rapports qu'elles ont ouverts entre l'État et les citoyens, comme des relations des services publics les uns avec les autres et des choses avec elles-mêmes. Il l'assouplit sans l'amolir, la fait descendre des solennités de la chaire sans la laisser traîner dans les vulgarités du prétoire. Pour la maintenir à la hauteur des intérêts qu'il agite, en s'en servant, il ne lui ôte rien de sa clarté ; pour l'approprier à des discussions qui se nourrissent bien plus encore de faits que de principes, il ne lui fait rien perdre de son élévation. En se prêtant à ces usages profanes, elle reste classique et pure, et devient pratique sans s'affranchir du joug des règles. Le courant des affaires porte-t-il à la tribune une question technique, une matière de finances ? Pour M. de Serre, c'est un thème que sa parole y développe, en répandant sur son exposé et sur sa discussion tout ce que la connaissance parfaite du sujet peut trouver de netteté, dans un esprit dont elle est le propre, pour agir sur la raison, en faisant toucher du doigt la vérité aux moins pénétrants et aux moins experts, tout ce que l'imagination et le sentiment peuvent éveiller de séduction et d'intérêt, pour ramener les volontés récalcitrantes, en remuant les cœurs et en transportant les esprits. Le contact des choses contingentes de la vie avec l'absolu immuable des principes y communique à l'émotion quelque chose, en même temps, de plus vif et de plus saisissant, de plus vrai et de plus humain.

S'il fallait absolument, pour déterminer le caractère de son talent, comparer M. de Serre à quelques-uns de ses contemporains et de ses émules dans les chambres françaises, c'est surtout entre M. Royer-Collard et lui qu'il faudrait établir le parallèle. Au fond, si leurs procédés diffèrent quelquefois, leur manière d'aborder et de traiter les questions se ressemble tellement qu'on peut dire qu'elle est la même ; ce n'est guère que lorsqu'on s'arrête à la forme qu'on commence à s'apercevoir qu'ils se distinguent l'un de l'autre. Qui le croirait ? et c'est une gloire pour M. de Serre, M. Royer-Collard, que chacun reconnaissait pour maître, avouait qu'il avait appris de lui quelque chose ; M. de Serre ne dissimulait point non plus ce qu'il avait gagné dans le commerce de M. Royer-Collard. Également en possession de la science, également rompus aux exercices de la dialectique, tous deux, cependant, ne font pas de l'une ou de l'autre le même usage. M. Royer-Collard ne semble toucher aux faits que pour les élever à la hauteur des principes, et les aborder que pour avoir l'occasion de développer la théorie ; aussi arrive-t-il quelquefois que les premiers, mêlés dans ses discours à l'exposé didactique des seconds, ne s'en dégagent qu'avec peine, et qu'au moment de conclure, l'esprit, obligé de revenir sur ses pas pour en retrouver le fil, en est encore à suivre leur enchaînement alors qu'il devrait déjà s'être prononcé. La forme du tissu n'est pas sans roideur, mais qu'il a de force et d'éclat ! Comme ces harangues se déroulent sous vos yeux avec ampleur et dignité ! Pas une expression qui n'y soit un trait : de la moindre il sort une nuance, et, dans ce tableau qui vous frappe par sa magnificence austère, il n'y a pas un ton qui rompe l'harmonie, pas un détail qui ne concourt à l'effet de l'ensemble, pas un objet qui ne soit dans sa lumière, pas une ombre qui n'y soit pour la lui ménager. La tribune a connu un genre nouveau d'éloquence, le jour où M. Royer-Collard l'a fait retentir des accents de sa voix, et, lorsqu'elle a doté notre littérature de ses discours, elle l'a enrichie d'œuvres auxquelles elle n'avait eu jusque-là rien à comparer. Dans l'orateur elle a retrouvé le philosophe, et dans tous deux elle a salué un émule et un égal peut-être de ses plus grands écrivains. En le lisant on croit l'entendre, et, après l'avoir lu, on ne l'admire pas moins que si on l'avait entendu ; il a des tours pittoresques qui ne viennent ordinairement qu'à la Bruyère, des formes hardies qui semblent avoir été coulées dans son moule : ces mots si fermes, qui ont la solidité de l'axiome et la vivacité de l'image, sont entrés dans la mémoire pour n'en jamais sortir, et elle ne les oublie pas plus que ceux qui lui sont venus de Pascal ou de Bossuet, de Montesquieu ou de Chateaubriand.

M. de Serre n'a pas creusé moins avant que M. Royer-Collard dans la science, et ne s'est pas moins largement que lui approprié les principes ; mais quoiqu'il excelle à les exposer et à les rendre, en les développant, accessibles aux intelligences les plus rebelles, et que rarement il propose une mesure sans l'asseoir sur leur base ou leur en demander la justification, à l'inverse de M. Royer-Collard, il prend d'abord la situation comme les événements l'ont offerte ; il la décrit en s'attachant à marquer son véritable caractère par ses traits principaux, puis, s'élevant des faits aux principes pour en préparer l'application, il pose sa thèse et la discute sans jamais s'égarer dans les détails, sans non plus rien négliger de nécessaire; mais, dans cette région où plane son esprit et domine sa parole, il a emporté les affaires avec lui : elles prêtent à son argumentation le saisissant attrait de l'actualité; l'ardeur du bien public la passionne, les fortes raisons s'y appuient des nobles sentiments; la dialectique a trouvé le chemin de l'âme et, en l'entraînant avec elle, elle décide la conviction. Lorsque M. Royer-Collard et M. de Serre suivent la même ligne, ils portent à la tribune les mêmes vues, les mêmes doctrines et les mêmes opinions; tant que M. Royer-Collard l'exprime, la pensée a conservé une forme si abstraite qu'elle semble hésiter à sortir du domaine de la spéculation ; il faut qu'elle passe par la bouche de M. de Serre pour qu'elle entre résolûment dans celui de la réalité et de l'action. Je dirais que le Dieu a révélé le dogme et que l'apôtre vient ensuite pour établir et développer la doctrine, si je ne convenais que, pour se poser, les principes avaient besoin de la parole et de l'autorité de tous deux. Il n'y a pas, dans la langue, un écrivain plus vigoureux, mieux réglé et plus pur que M. Royer-Collard ; il en connaît toutes les ressources et les met à profit : ne croyez pas qu'il dédaigne les artifices du style; soyez-en sûrs même, d'avance, quand il s'en sert, il en a calculé et mesuré tous les effets. Ces discours, si bien ordonnés et parfois d'une apparence si simple, sont pleins de substance et d'attraits ; ils respirent la force, mais elle n'en a pas banni les ornements : on ne les aperçoit pas toujours, parce que l'art, qui ne les a ni ménagés ni prodigués, a su si habilement les distribuer que, placés où ils sont, non pour éblouir, mais pour éclairer, ils se confondent avec les choses, en les faisant ressortir. C'est la lumière et la couleur qui accusent les muscles chez l'homme bien constitué, en mettant les formes plus nettement en relief. Ces discours sont tombés de la main de l'orateur au moment juste où il venait, par un dernier coup, de leur imprimer le sceau de la perfection : il ne faut donc rien y ajouter ni même en retrancher, si l'on veut qu'ils restent des chefs-d'œuvre.

M. de Serre n'est point un écrivain, mais un homme d'état. Si l'on en excepte quelques rapports et quelques exposés de motifs, œuvre d'une conception large et vigoureuse, où le style, traité d'une main presque hardie, ne frappe pas moins par la mâle énergie de la pensée que par le vif éclat de l'expression, sa plume n'a rien écrit de ses discours ; ils sont tels que l'improvisation les a fait jaillir de son âme, au milieu d'assemblées silencieuses et attentives, mais intérieurement travaillées par les passions, sous l'action puissante de la contradiction et de la lutte. Pour lui, la parole est l'instrument de l'argumentation ; en s'en servant, il ne s'arrête pas à la polir : pour sa pensée, c'est le vêtement dont elle s'enveloppe à la hâte, en prenant son essor ; il ralentirait son vol, si, en l'en couvrant, il s'amusait à y attacher des ornements. Le flot, en s'épanchant, dans toute son abondance, des lèvres de l'orateur, a pu entraîner dans son cours quelques négligences ou quelques incorrections ; ce sont, comme le maître de la critique l'a dit d'un des princes de la tribune anglaise, des scories que le feu de la parole a brûlées quand elles tombaient de la bouche de l'orateur et dont le regard ne doit pas plus s'offenser que l'oreille. Ces négligences, d'ailleurs, compensées par tant de solides qualités, sont rares dans ces œuvres qui ont daté, comme des événements, dans la vie de M. de Serre et dans l'histoire de la Restauration ; elles ne les déparent point, et les laissent briller de tout l'éclat que leur a communiqué, en les enfantant, l'orateur éminent qui leur a donné le jour. Ce sont ces signes de naissance qui marquent les fortes natures et en relèvent la beauté. Ces discours, en tout ce qui peut constituer la véritable éloquence, ne le cèdent en rien à ceux qui ont fondé la renommée de M. Royer-Collard ; peut-être même ont-ils sur ces harangues célèbres un avantage que la postérité ne leur disputera pas plus que les contemporains. M. Royer-Collard a toujours décliné le pouvoir ; ses discours lui ressemblent ; conçus pour éclairer les esprits, ils dédaignent l'action puissante et décisive qui s'en emparerait, en leur imposant la conviction, et les dominerait en les entraînant par les mouvements de la passion. De même ceux de M. de Serre sont faits à son image, mais à l'image d'un homme qui agit et veut faire agir les autres ; ils répondent à un besoin, ils entrent dans une situation pour en résoudre la crise, en intervenant dans la discussion au moment opportun ; ils emportent avec eux, dans leurs soudains élans, le caractère éminent de l'actualité et de l'inspiration, qui est celui de l'éloquence même, et qui peut l'élever jusqu'au sublime. Tels furent la fortune et le privilége de celle de M. de Serre dans ces chambres où il exerça, pour un moment, la souveraineté de la parole, que nulle influence ne balança la sienne, nul succès, pas même ceux de M. Royer-Collard, ne dépassa ses triomphes. Aussi personnifia-t-il en lui-même, pour les contemporains, le gouvernement de son pays, les assemblées qui concouraient à son action et cette époque, qui fut l'apogée du règne, où la Restauration et la France semblent incliner l'une vers l'autre sous l'influence des idées et des mesures libérales, et marcher d'accord dans la voie nouvelle. Qu'on recule, si l'on veut, le point de vue et qu'on se place, à un siècle de distance, dans le lointain de l'histoire, on reconnaîtra qu'il les personnifie également pour la postérité.

Tant que M. de Serre a vécu, l'ingratitude et le froid abandon des partis ont pu faire douter lequel il avait le mieux servi, non pas en allant de l'un à l'autre pour capter leur confiance, afin de se maintenir, par leur concours, au pouvoir, mais pour les convier, au nom du bien public, à la réconciliation, ou pour gouverner, en l'éclairant, le zèle de celui dans les bras duquel la Restauration devait fatalement se jeter. Dans ces jours difficiles tout le monde a failli, mais eux plus que lui : ils n'ont pas effacé leurs fautes en l'en accusant : les événements n'ont pas tardé à leur faire expier leur injustice et leur oubli. L'histoire et la postérité, plus équitables que les contemporains, doivent une réparation à sa mémoire ; le moment est venu, pour elles, de la lui accorder.

Les lettres lui doivent aussi la leur, car il les a noblement honorées, en renouvelant avec éclat, au sein de nos assemblées délibérantes, leur alliance avec la politique pour la conduite des affaires et de la société, et en renouant, dans ce siècle et dans notre pays, cette chaîne des grands orateurs par laquelle les temps modernes se rattachent aux temps anciens. Je ne m'abuse point, je crois qu'il domine le groupe d'orateurs éminents au milieu duquel je suis allé le prendre, et qu'on va droit de lui à Cicéron et à Démosthènes par Vergniaud, par Maury, par Barnave, par Mirabeau, par Fox, par Burke et par lord Chatam, sans trop sentir la distance, ni trop souvent marquer les degrés. Souffrez donc que je vous le dise, à l'exemple de l'ordre des avocats dans cette ville, vous avez déjà commencé cette œuvre de justice que d'autres plus autorisés achèveront bientôt, en me permettant de louer devant vous, comme il a voulu qu'on louât devant lui, l'homme que l'exercice des aptitudes si diverses de sa parole a mis partout en possession de la première place, qui a laissé quelque chose de son lustre à tous les corps auxquels il a appartenu, et qui, du point le plus élevé de sa carrière, a renvoyé comme un reflet de sa gloire à la contrée qui a vu poindre sa renommée.

Mais il est une réparation qu'il attend encore et que l'humanité, dans sa justice, n'a jamais refusée à ses pareils ; n'en doutez pas, M. de Serre aura sa statue : où s'élèvera-t-elle ? Il n'est point nécessaire de prophétiser pour vous le dire : son image brillera, comme celles de ces grands hommes, après les noms desquels j'ai osé prononcer le sien pour rappeler qu'il est de leur famille [1], partout où les peuples auront élevé des temples en l'honneur des arts, des sciences et des lettres, sous tous les ciels où seront honorés tous ces hommes qui auront réfléchi un côté de la grandeur humaine par leur génie, leur talent ou leur vertu.

[1] Instruction du Premier Consul au Ministre de l'intérieur, du 18 pluviôse an VIII.

FIN.

Metz. — Imp. F. Blanc. — 1864.

www.ingramcontent.com/pod-product-compliance
Ingram Content Group UK Ltd.
Pitfield, Milton Keynes, MK11 3LW, UK
UKHW021509090726
13657UKWH00001B/118